Bibliothek der Mediengestaltung

Konzeption, Gestaltung, Technik und Produktion von Digital- und Printmedien sind die zentralen Themen der Bibliothek der Mediengestaltung, einer Weiterentwicklung des Standardwerks Kompendium der Mediengestaltung, das in seiner 6. Auflage auf mehr als 2.700 Seiten angewachsen ist. Um den Stoff, der die Rahmenpläne und Studienordnungen sowie die Prüfungsanforderungen der Ausbildungs- und Studiengänge berücksichtigt, in handlichem Format vorzulegen, haben die Autoren die Themen der Mediengestaltung in Anlehnung an das Kompendium der Mediengestaltung neu aufgeteilt und thematisch gezielt aufbereitet. Die kompakten Bände der Reihe ermöglichen damit den schnellen Zugriff auf die Teilgebiete der Mediengestaltung.

Weitere Bände in der Reihe http://www.springer.com/series/15546

Peter Bühler
Patrick Schlaich
Dominik Sinner

Internet

Technik – Nutzung – Social Media

Springer Vieweg

Peter Bühler
Affalterbach, Deutschland

Patrick Schlaich
Kippenheim, Deutschland

Dominik Sinner
Konstanz-Dettingen, Deutschland

ISSN 2520-1050 ISSN 2520-1069 (electronic)
Bibliothek der Mediengestaltung
ISBN 978-3-662-55392-3 ISBN 978-3-662-55393-0 (eBook)
https://doi.org/10.1007/978-3-662-55393-0

Die Deutsche Nationalbibliothek verzeichnet diese Publikation in der Deutschen Nationalbibliografie; detaillierte bibliografische Daten sind im Internet über http://dnb.d-nb.de abrufbar.

Springer Vieweg

Springer Vieweg ist ein Imprint der eingetragenen Gesellschaft Springer-Verlag GmbH, DE und ist ein Teil von Springer Nature
Die Anschrift der Gesellschaft ist: Heidelberger Platz 3, 14197 Berlin, Germany

Vorwort

The Next Level – aus dem Kompendium der Mediengestaltung wird die Bibliothek der Mediengestaltung.

Im Jahr 2000 ist das „Kompendium der Mediengestaltung“ in der ersten Auflage erschienen. Im Laufe der Jahre stieg die Seitenzahl von anfänglich 900 auf 2700 Seiten an, so dass aus dem zunächst einbändigen Werk in der 6. Auflage vier Bände wurden. Diese Aufteilung wurde von Ihnen, liebe Leserinnen und Leser, sehr begrüßt, denn schmale Bände bieten eine Reihe von Vorteilen. Sie sind erstens leicht und kompakt und können damit viel besser in der Schule oder Hochschule eingesetzt werden. Zweitens wird durch die Aufteilung auf mehrere Bände die Aktualisierung eines Themas wesentlich einfacher, weil nicht immer das Gesamtwerk überarbeitet werden muss. Auf Veränderungen in der Medienbranche können wir somit schneller und flexibler reagieren. Und drittens lassen sich die schmalen Bände günstiger produzieren, so dass alle, die das Gesamtwerk nicht benötigen, auch einzelne Themenbände erwerben können. Deshalb haben wir das Kompendium modularisiert und in eine Bibliothek der Mediengestaltung mit 26 Bänden aufgeteilt. So entstehen schlanke Bände, die direkt im Unterricht eingesetzt oder zum Selbststudium genutzt werden können.

Bei der Auswahl und Aufteilung der Themen haben wir uns – wie beim Kompendium auch – an den Rahmenplänen, Studienordnungen und Prüfungsanforderungen der Ausbildungs- und Studiengänge der Mediengestaltung orientiert. Eine Übersicht über die 26 Bände der Bibliothek der Mediengestaltung finden Sie auf der rechten Seite. Wie Sie sehen, ist jedem Band eine Leitfarbe zugeordnet, so dass Sie bereits am Umschlag erkennen, welchen Band Sie in der Hand halten. Die Bibliothek der Mediengestaltung richtet sich an alle, die eine Ausbildung oder ein Studium im Bereich der Digital- und Printmedien absolvieren oder die bereits in dieser Branche tätig sind und sich fortbilden möchten. Weiterhin richtet sich die Bibliothek der Mediengestaltung auch an alle, die sich in ihrer Freizeit mit der professionellen Gestaltung und Produktion digitaler oder gedruckter Medien beschäftigen. Zur Vertiefung oder Prüfungsvorbereitung enthält jeder Band zahlreiche Übungsaufgaben mit ausführlichen Lösungen. Zur gezielten Suche finden Sie im Anhang ein Stichwortverzeichnis.

Ein herzliches Dankeschön geht an Herrn Engesser und sein Team des Verlags Springer Vieweg für die Unterstützung und Begleitung dieses großen Projekts. Wir bedanken uns bei unserem Kollegen Joachim Böhringer, der nun im wohlverdienten Ruhestand ist, für die vielen Jahre der tollen Zusammenarbeit. Ein großes Dankeschön gebührt aber auch Ihnen, unseren Leserinnen und Lesern, die uns in den vergangenen fünfzehn Jahren immer wieder auf Fehler hingewiesen und Tipps zur weiteren Verbesserung des Kompendiums gegeben haben.

Wir sind uns sicher, dass die Bibliothek der Mediengestaltung eine zeitgemäße Fortsetzung des Kompendiums darstellt. Ihnen, unseren Leserinnen und Lesern, wünschen wir ein gutes Gelingen Ihrer Ausbildung, Ihrer Weiterbildung oder Ihres Studiums der Mediengestaltung und nicht zuletzt viel Spaß bei der Lektüre.

Heidelberg, im Frühjahr 2019
Peter Bühler
Patrick Schlaich
Dominik Sinner

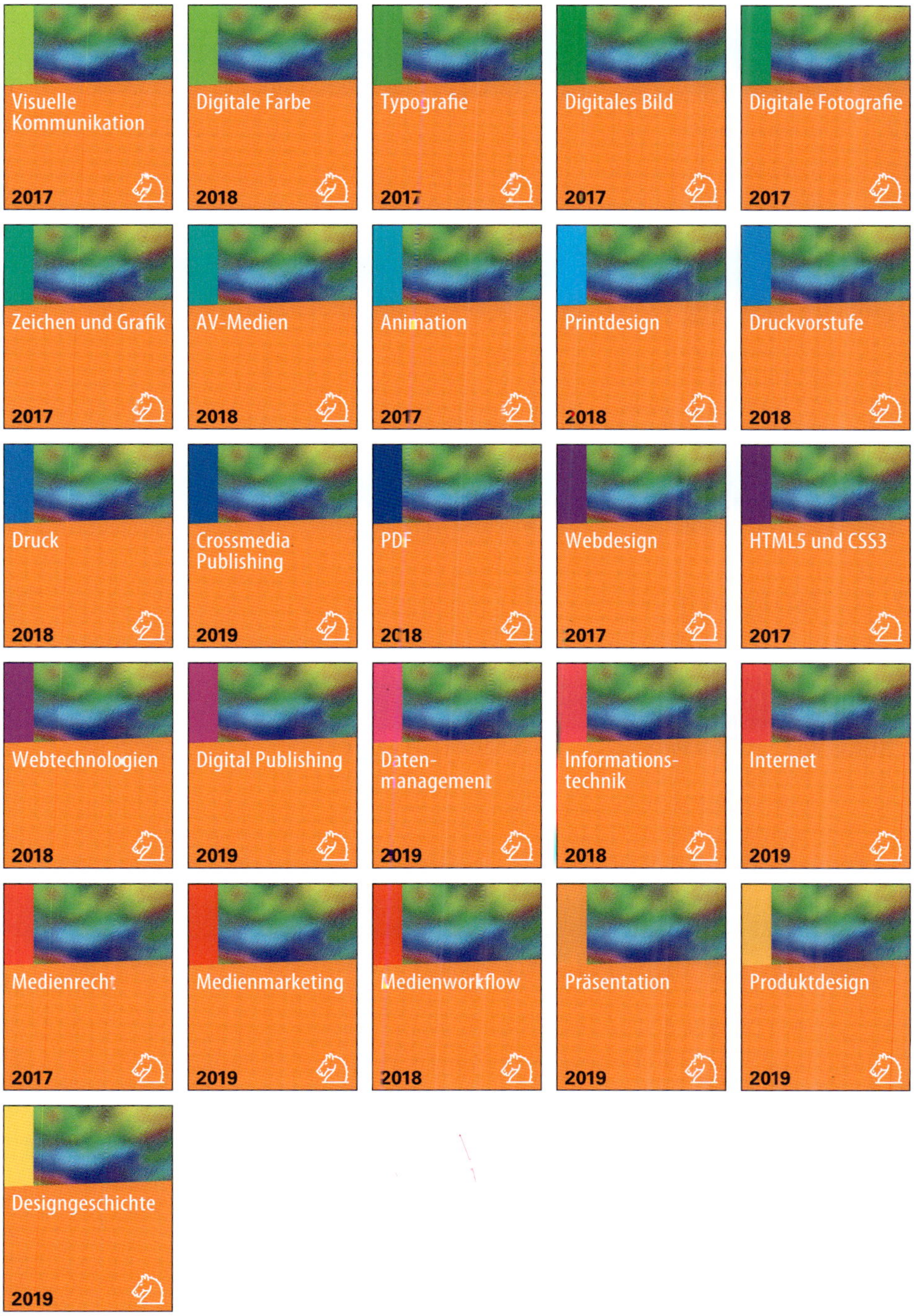

Bibliothek der Mediengestaltung

Titel und Erscheinungsjahr

Weitere Informationen:
www.bi-me.de

Inhaltsverzeichnis

1 Technik 2

2 Nutzung 20

1.1 Entstehung

Haben Sie dieses Buch im Internet gekauft? Oder bei der Buchhandlung Ihres Vertrauens? Vielleicht haben Sie ja nicht einmal mehr Papier in den Händen, sondern lesen das Buch als E-Book an einem Display? Können Sie sich noch ein Leben ohne Internet vorstellen?

Das Internet wurde Ende der 50er Jahre – wie so oft in der Geschichte der Technik – zunächst für militärische Zwecke entwickelt. Die grundlegende Idee der ARPA-Mitarbeiter (Advanced Research Projects Agency: Forschungsgruppe des amerikanischen Verteidigungsministeriums) bestand darin, Großrechner miteinander zu verbinden, um eine Datenkommunikation über weite Strecken zu ermöglichen. Hierdurch würde die EDV im Krisen- oder Kriegsfall unabhängig von einem bestimmten Standort.

Im Jahr 1969 waren es gerade einmal vier Großrechner, die mit Hilfe von Spezialcomputern namens IMP (Interface Message Processor) miteinander verbunden wurden. Zwei Jahre später wurde das als ARPAnet bezeichnete Computernetz mit mittlerweile 15 Netzknoten der Öffentlichkeit vorgestellt.

Neben militärischen waren es vor allem wissenschaftliche Institutionen, die Vorteile und Nutzen der Datenkommunikation erkannten. In den darauffolgenden Jahren wuchs das Netz ständig an, der militärische Teil des Netzes wurde 1983 aus Sicherheitsgründen vom wissenschaftlichen Netz abgespalten und als MILnet bezeichnet. Im Jahr 1989 wurde das aus inzwischen 100.000 Host-Computern bestehende ARPAnet aufgelöst und stattdessen das NSFnet (National Science Foundation) gegründet. Ein Jahr später erfolgte die Freigabe des Netzes für die kommerzielle Nutzung. Aus dem nationalen wurde schließlich ein internationales Netz durch Anbindung der Computernetze anderer Staaten. Dieses globale Netz trägt bis heute den Namen Internet (Interconnected Network).

Zu diesem Zeitpunkt hatten Internetzugänge eine Übertragungsgeschwin-

Entwicklung des Internets

Die Grafik zeigt die Entwicklung der Anzahl der Internet-Hosts.

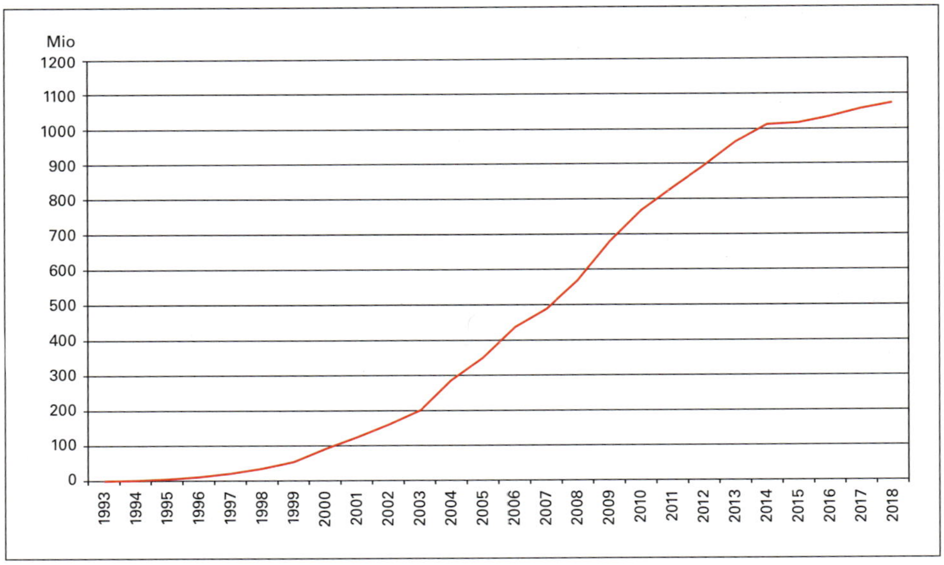

P. Bühler et al., *Internet*, Bibliothek der Mediengestaltung,
https://doi.org/10.1007/978-3-662-55393-0_1

digkeit von bis zu 9600 bps, ein heutiges Handyfoto mit 3 MB hätte damals also unter optimalen Bedingungen zur Übertragung etwa 43 Minuten gebraucht.

Nachdem die Kommunikation bis dato hauptsächlich auf E-Mail basierte, sorgte der 1993 „geborene" Dienst „World Wide Web" (WWW) für den Durchbruch des Internets. Geniale Idee hierbei war die Verwendung der von Tim Berners-Lee am Cern in Genf erfundenen Auszeichnungssprache HTML. Der erste Webbrowser zur grafischen Darstellung von HTML-Seiten war „Mosaic".

Das Internet wuchs schnell und auch die Übertragungsgeschwindigkeiten verbesserten sich, 1997 waren bereits Übertragungsgeschwindigkeiten von 56 kbps möglich, das Handyfoto mit 3 MB hätte zur Übertragung nur noch gut 7 Minuten gebraucht.

Gerade in den Jahren ab 2000 bis 2014 wuchs das Internet gewaltig, danach verlangsamte sich diese Entwicklung, wenn man die Anzahl der Hosts betrachtet (vgl. Grafik auf der linken Seite). Hosts sind Computer, die einen Domain-Namen besitzen und mit dem Internet ständig verbunden sind. Die Anzahl der Internetnutzer ist natürlich wesentlich höher.

Das heutige Internet in einigen Zahlen:

- *Host-Computer:*
  Im Jahr 2018 waren über 1 Milliarde Host-Computer ans Internet angeschlossen.
- *Internetfähige Geräte:*
  Im Jahr 2018 waren rund 20 Milliarden internetfähige Geräte auf dem Markt, bei gerade einmal 7,4 Milliarden Menschen auf der Erde eine beeindruckende Zahl.
- *Menschen mit Zugang zum Internet:*
  Weltweit hatten 2018 etwa 4 Milliarden Menschen Zugang zum Internet.
- *Internetnutzung:*
  2018 nutzten in Deutschland 81 % der Bevölkerung das Internet, in Schweden bereits 95 %.
- *Datenaufkommen:*
  Das tägliche Datenaufkommen betrug 2018 laut Statista (www.statista.com) etwa 5 Exabyte (= 5 Mrd. Gigabyte). Dies entspricht der 12.500-fachen Menge an Büchern, die jemals geschrieben wurden.
- *Internetgeschwindigkeit:*
  Die Internetgeschwindigkeit lag 2017 mit durchschnittlich 15,3 MBit/s in Deutschland weit hinter dem Spitzenreiter Südkorea (28,6 MBit/s).

Zweifellos hat das Internet unser alltägliches und berufliches Leben grundlegend verändert und die Gesellschaft zu einer Informationsgesellschaft werden lassen.

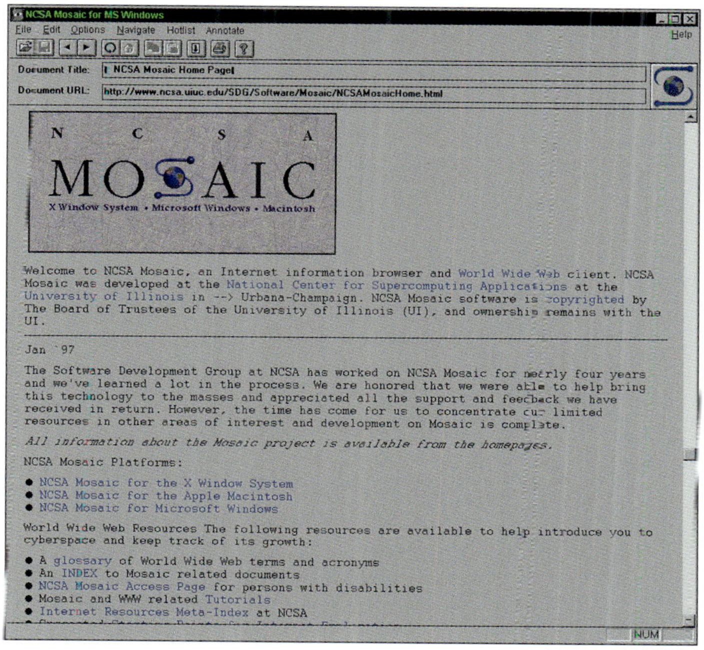

Browser Mosaic

1.2 Internetdienste

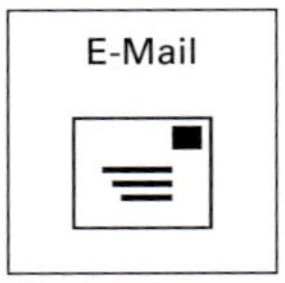

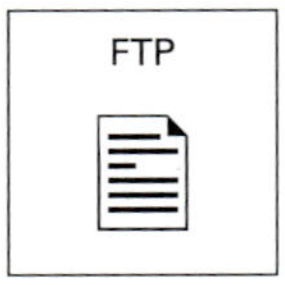

Im Internet gibt es viele Dienste, von denen hier nur die wichtigsten erklärt werden. Die hier dargestellten Dienste unterscheiden sich durch die Nutzung unterschiedlicher „Ports". Einen solchen Port (englisches Wort für Hafen) können Sie sich wie eine Tür vorstellen. Der WWW-Dienst nutzt z. B. den Port „80" oder „443", also eine andere Tür als der E-Mail-Dienst (Port 25, 110, 143) und wenn die jeweilige Tür verschlossen ist, dann kann dieser Dienst nicht genutzt werden. Daher müssen für manche Dienste Ports z. B. an einem Router freigegeben werden.

WWW (World Wide Web)
Internet und WWW werden fälschlicherweise oft synonym verwendet. Beim World Wide Web handelt es sich um ein Informationssystem des Internets, mit dem sich Dateien mittels Hyperlinks verbinden lassen.

Im WWW stellen Server Websites zur Verfügung, die mittels HTTP- oder HTTPS-Protokoll übertragen werden und die dann ein Browser (z. B. Firefox oder Google Chrome) anzeigen kann.

E-Mail (Electronic Mail)
Neben der Kommunikation über Apps, wie „WhatsApp", ist die klassische elektronische Post nach wie vor ein häufig genutzter Dienst des Internets.

E-Mails werden über die Protokolle „Post Office Protocol Version 3 (POP3)" oder „Internet Message Access Protocol (IMAP)" abgerufen bzw. übertragen.

POP3 ist auf das Auflisten, Abholen und Löschen von E-Mails am E-Mail-Server beschränkt. Bei IMAP verbleiben die Mails auf dem Server, wodurch bei der Benutzung von mehreren Clients (z. B. Laptop und Smartphone) immer der gleiche, aktuelle Datenbestand einer Mailbox angezeigt wird.

Spam-Mails sind weiterhin ein großes Problem der elektronischen Post. Schätzungen zufolge sind 48 % aller E-Mails Spam. Der Begriff geht übrigens auf die britische Komikergruppe „Monty Python" zurück, die sich über „Spam" als billigen Fleischersatz lustig machte.

FTP (File Transfer Protocol)
Bei FTP handelt es sich um einen Dienst zum Austausch von Dateien. Dabei wird das „Herunterladen" von Dateien von einem Server auf den eigenen Rechner als Download, das „Hochladen" von Dateien vom eigenen Rechner auf einen Server als Upload bezeichnet. Die Inhalte vieler Websites werden auch heute noch per FTP hochgeladen, auch wenn der Download per FTP durch Cloud-Speicher, wie iCloud, Google Drive, Dropbox, oder Dienste wie Wetransfer weitgehend abgelöst wurde. Cloud-Speicher nutzen den WWW-Dienst für die Dateiübertragung.

VPN (Virtual Private Network)
Wie der Name sagt, nutzt ein VPN öffentliche Netze wie das Internet zur Übertragung nicht öffentlicher (privater) Daten. Auf diese Weise können beispielsweise Firmen, die in vielen Ländern tätig sind, miteinander kommunizieren. Bei der verschlüsselten Übertragung privater Daten in öffentlichen Netzen spricht man von einem Tunnel. Nicht autorisierten Nutzern ist ein Zugriff auf diese Daten nicht möglich.

VoIP (Internettelefonie)
Telefonieren über das Internet hat das analoge Telefon abgelöst. IP-Telefonie (kurz für Internet-Protokoll-Telefonie) oder Voice over IP steht für Stimmübertragung über das Internetprotokoll.

1.3 Datenübertragung

Sie werden zustimmen, dass die Datenübertragung von einem Ort A zu einem Ort B in einem weltweiten Rechnerverbund mit über 900 Millionen Rechnern durchaus eine Herausforderung darstellt. Damit sie überhaupt bewältigt werden kann, müssen viele Regeln vereinbart werden, die als *Protokolle* bezeichnet werden.

Alle an der Datenübertragung beteiligten Geräte (Host-Rechner, Server, Router) müssen diese Protokolle kennen und die Daten entsprechend diesen Regeln weiterleiten. Dass dies hervorragend funktioniert, erleben wir in der täglichen Nutzung des Internets.

Die Hauptprotokolle des Internets sind, neben vielen weiteren, das *Internet Protocol (IP)* und das *Transmission Control Protocol (TCP)*, die nicht nur im Internet, sondern auch in lokalen Netzen eingesetzt werden.

1.3.1 Internet Protocol (IP)

Nehmen Sie einmal an, dass Sie eine Datei von 1,5 MB von einem Server in Los Angeles auf Ihren eigenen Rechner in Hamburg downloaden wollen. Auch wenn Ihnen diese Datenmenge nicht sonderlich groß erscheint, wäre eine Übertragung „am Stück" wenig sinnvoll, da hierdurch eine Leitung stark beansprucht würde.

Um dies zu verhindern und die Last zu verteilen, werden die 1,5 MB vor der Übertragung in mehrere Datenpakete (Datagramme) zerteilt. Das hierfür zuständige Internet Protocol (IP) gestattet Paketgrößen von maximal 64 KB. Eine Datei mit einer Größe von 1,5 MB würde durch das Internet Protocol also in 24 Teile zerlegt (24 × 64 KB = 1,5 MB). In der Grafik unten wird dies vereinfacht mit nur vier Datenpaketen dargestellt.

Datenübertragung

Um eine Datei von Los Angeles nach Hamburg zu übertragen, wird sie vor der Übertragung in kleine Pakete zerlegt. Jedes dieser Pakete kann einen eigenen Weg durch die Knotenpunkte des Internets nehmen.

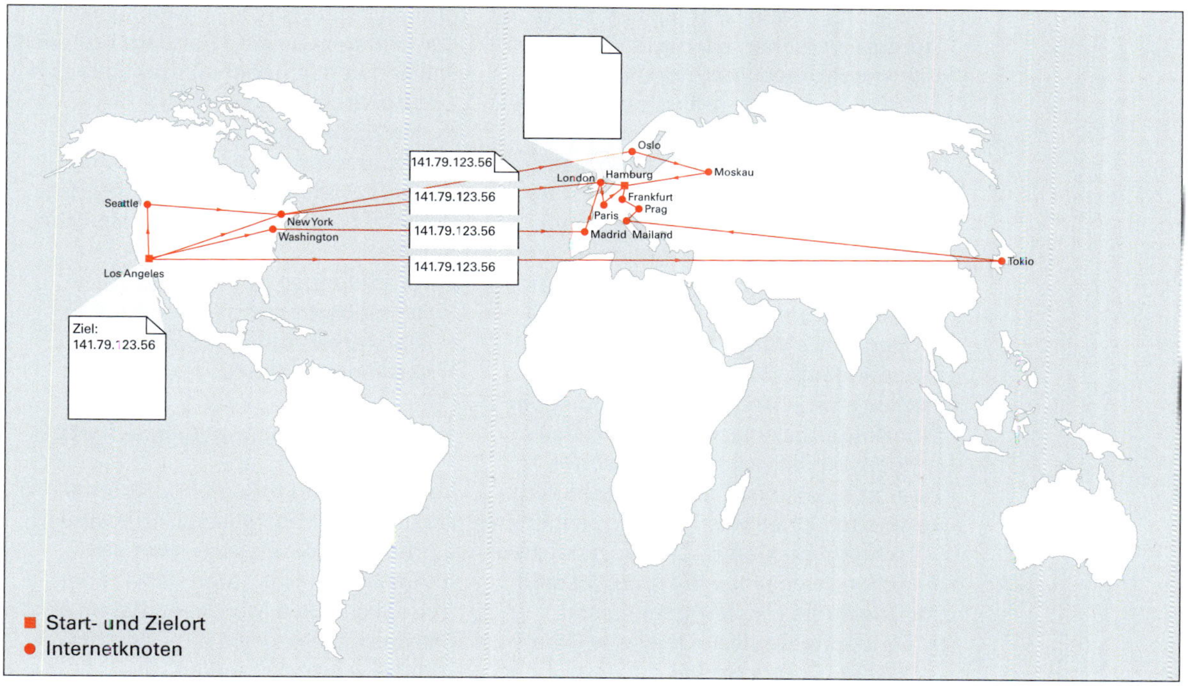

Struktur von IPv4- und IPv6-Adressen

Struktur von IP-Adressen	
IPv4: xxx . xxx . xxx . xxx	
xxx aus:	000, 001, ..., 255 (dezimal)
Beispiel:	192.168.178.20
IPv6: xxxx : xxxx : xxxx : xxxx : xxxx : xxxx : xxxx : xxxx	
xxxx aus:	0000, 0001, ... ,FFFF (hexadezimal)
Beispiel:	0000:0000:0000:2135:A201:00FD:DCEF:125A

Im zweiten Schritt benötigt jedes dieser Pakete eine weltweit eindeutige Zieladresse, die als *IP-Adresse* bezeichnet wird. Im Unterschied zu postalischen Adressen, die aus Zahlen (Postleitzahl, Hausnummer) und Buchstaben (Straße, Ort) bestehen, verwenden IP-Adressen ausschließlich Zahlenfolgen, deren Struktur Sie der Abbildung oben entnehmen können.

Wenn Sie wissen wollen, welche IP-Adresse Ihr eigener Computer aktuell besitzt, dann sehen Sie unter www.wieistmeineip.de einfach nach!

Nachdem jedes Datenpaket mit einer Adresse versehen ist, muss sich das Internet Protocol um den Weg kümmern, den das Paket durch das Internet nehmen soll. Diese Aufgabe wird als *Routing* bezeichnet, die zuständigen Geräte entsprechend als Router. Dabei kann es sein, dass, wie in der Grafik auf der vorigen Seite angedeutet, jedes Datenpaket einen anderen Weg vom Absender zum Empfänger durchläuft.

Der große Vorteil dieses Verfahrens besteht darin, dass die Router im Internet für eine „intelligente" Nutzung der Übertragungskapazitäten des Netzes sorgen: Ein aktuell stark belasteter oder ausgefallener Netzabschnitt wird zugunsten eines weniger frequentierten Abschnitts gemieden. Die wesentlichen Funktionen des Internet Protocol sind hier nochmals zusammengefasst:

- Zerlegung der Datei in kleine Datenpakete (*Datagramme*)
- Adressierung der Datagramme mittels IP-Adresse
- Wahl des Übertragungsweges (Routing) der Datagramme
- Zusammensetzung der Datagramme zur Datei am Zielort

1.3.2 Transmission Control Protocol (TCP)

Das Internet Protocol ist zwar für die Wahl des Weges, aber nicht für die tatsächliche Datenübertragung zuständig, da es ein „verbindungsloses" Protokoll ist. Für die Datenübertragung sorgt das Transmission Control Protocol (TCP).

Hierzu baut TCP eine Verbindung zwischen Sender und Empfänger auf. Im Anschluss werden die Datenpakete in nummerierten kleinen „Päckchen" (*Segmenten*) übertragen. Trifft ein Segment am Zielrechner nach einer bestimmten Zeit *nicht* ein, wird die Datenübertragung wiederholt. Diese Möglichkeit der Fehlererkennung hat dem Protokoll seinen Namen gegeben: Transmission *Control* Protocol.

Am Zielrechner werden die Segmente anhand der Nummerierung durch TCP wieder zusammengesetzt. Die Funktionen von TCP sind also kurzgefasst:

- Verbindungsaufbau
- Datenübertragung in Segmenten
- Fehlererkennung und -korrektur
- Verbindungsabbau

1.3.3 Domain Name System (DNS)

Voraussetzung für einen funktionierenden Datenaustausch sind weltweit einmalige Zieladressen. Nun sind IP-Adressen nicht gerade anwenderfreundlich. Viele Menschen haben schon Schwierigkeiten, sich die Geheimzahl ihrer EC-Karte zu merken ;-)

Die Idee liegt also nahe, die IP-Adressen durch einprägsamere Adressen zu ersetzen. Das hierfür entwickelte Konzept teilt die Adressen zunächst nach Gebieten (Domains) ein. In den USA gibt es beispielsweise die Domains com (commercial) für Firmen oder edu (education) für Bildungseinrichtungen. Für die übrigen, später zum Internet hinzugekommenen Staaten wurden als Domains länderspezifische Abkürzungen gewählt: de steht für Deutschland, fr für Frankreich und jp für Japan.

Diese als *Top-Level-Domain (TLD)* bezeichneten Abkürzungen stehen, durch einen Punkt getrennt, am Ende des Domain-Namens. Vor dem Punkt befindet sich die Bezeichnung des Host-Rechners, die auch *Second-Level-Domain (SLD)* genannt wird. Beispiele für Domain-Namen sind:

- wikipedia.org
- apple.com

Vor TLD und SLD kann bei Bedarf, wiederum durch einen Punkt getrennt, der Name einer Subdomain stehen, z. B.

- de.wikipedia.org
- store.apple.com

Beachten Sie, dass die Angabe „www" nicht zum Domain-Namen gehört, sondern den Server bezeichnet.

Zur Umsetzung der Domain-Namen in IP-Adressen befinden sich im Internet mehrere *Domain-Name-Server*, z. B. in Frankfurt. Diese ersetzen den von Ihnen im Browser eingegebenen Domain-Namen durch die zugehörige IP-Adresse. Existiert diese Adresse nicht, erhalten

Themenbezogene Top-Level-Domains			
aero	aeronautics (Luftfahrtindustrie)	mil	military (US-Militär)
biz	business (Unternehmen)	mobi	mobile (Sites für mobile Endgeräte)
com	commercial (Unternehmen)	museum	museums (Museen)
coop	cooperatives (Genossenschaften)	name	name (Privatpersonen)
edu	education (Bildungseinrichtungen)	net	network (Netzwerkbetreiber)
gov	government (US-Regierung)	org	organization (Vereine, Organisationen)
info	information (Information)	post	post (Post-, Logistikunternehmen)
int	international (Internat. Organisationen)	pro	professionals (Selbstständige)
jobs	jobs (Stellenangebote)	travel	travel (Reiseindustrie)

Länderspezifische Top-Level-Domains			
at	Österreich	hu	Ungarn
au	Australien	il	Israel
be	Belgien	in	Indien
ca	Kanada	it	Italien
ch	Schweiz	jp	Japan
cn	China	nl	Niederlande
de	Deutschland	pl	Polen
dk	Dänemark	ru	Russland
es	Spanien	se	Schweden
fi	Finnland	tr	Türkei
fr	Frankreich	uk	England
gb	Großbritannien	us	USA
gr	Griechenland	va	Vatikanstadt

Beispiele für themenbezogene und länderspezifische Top-Level-Domains (TLD)

Sie eine Fehlermeldung. Für die Vergabe und Verwaltung von Domain-Namen ist die in den USA ansässige Organisation ICANN (www.icann.org) zuständig. Deutsche Domain-Namen (de) werden durch die DENIC vergeben. Unter www.denic.de können Sie ermitteln, ob ein gewünschter Domain-Name noch erhältlich oder bereits vergeben ist.

Nachdem das Internet aus Amerika stammt und dort der ASCII (American Standard Code of Information Interchange) verwendet wird, waren in Domain-Namen deutsche Umlaute nicht möglich. Dies hat sich seit März 2004 geändert. Seither können auch Namen wie Müller oder Völler in der korrekten Schreibweise realisiert werden.

1.3.4 Uniform Resource Locator (URL)

Die Angabe des Domain-Namens genügt nicht, um den gewünschten Zielcomputer eindeutig adressieren zu können. Dies liegt daran, dass es im Internet verschiedene Dienste gibt (siehe Kapitel 1.2, Seite 4). In der Adresse muss der Internetdienst deshalb genannt werden. Des Weiteren ist es optional möglich, in der Adresse bereits genaue Angaben über Name und Ort der aufgerufenen Datei auf dem Server zu machen. Eine um diese Angaben komplettierte Internetadresse wird als *Uniform Resource Locator*, kurz URL, bezeichnet. Die allgemeine Form einer URL lautet:

Struktur einer URL

Protokoll://Server.Domain-Name/Ordner/Datei

Protokoll:	z. B. http
Server:	z. B. www
Domain:	z. B. springer.de
Ordner:	z. B. books
Datei:	z. B. index.html

Eine vollständige URL beginnt mit dem Namen des Protokolls, das für die Übertragung des gewählten Dienstes verantwortlich ist. Das Protokoll des World Wide Web besitzt die Abkürzung HTTP (Hypertext Transfer Protocol). Durch einen Doppelpunkt und zwei Slashs (/) getrennt folgt der Servername. Server des World Wide Web tragen meistens die Bezeichnung www. Es folgt der Domain-Name und schließlich, falls erforderlich, Ordner und Name der gesuchten Datei. Beispiele für URLs sind:

- http://www.tagesschau.de
- http://www.springer.de/books/index.html
- ftp://ftp.uni-stuttgart.de

Die als Homepage bezeichnete Startseite des Internetauftritts besitzt definitionsgemäß immer den Dateinamen *index.htm* oder *index.html*. Damit wird sichergestellt, dass der Webserver diese Datei als Startseite erkennt und automatisch überträgt. Für den Nutzer hat dies den Vorteil, dass die Angabe „index.htm“ bei der Adresseingabe entfallen kann.

Zu beachten ist weiterhin, dass Unix- oder Linux-Server bei Dateinamen zwischen Groß- und Kleinschreibung unterscheiden: Bei den Dateien *index.htm*, *Index.htm* und *INDEX.HTM* handelt es sich bei diesen Betriebssystemen um drei verschiedene Dateien.

Da unter Windows zwischen Groß- und Kleinschreibung nicht unterschieden wird, kann es vorkommen, dass eine Webseite lokal (unter Windows) „funktioniert“ und nach dem Upload auf den Unix- oder Linux-Webserver nicht gefunden wird. Gewöhnen Sie sich bei der Vergabe von Dateinamen also besser an, nur Kleinbuchstaben zu verwenden!

1.4 Internetzugang

Ein Computer, der sich in ständiger Verbindung mit dem Internet befindet, wird als *Internet-Host* bezeichnet.

Da ein Internet-Host ständig „online" sein muss, lohnt sich das Einrichten eines derartigen Servers für Privatpersonen normalerweise nicht. Denn wer einen Host-Computer betreibt, muss diesen auch besonders gegen die ständigen Angriffe aus dem Internet schützen. Außerdem muss gewährleistet sein, dass der Computer rund um die Uhr störungsfrei funktioniert.

Obige Aufgaben haben sich zahllose Firmen zu eigen gemacht und sich auf die „Dienstleistung Internet" spezialisiert. Sie werden als *Provider* oder genauer *Internet-Service-Provider (ISP)* bezeichnet.

1.4.1 Internetanbieter

Um das Internet nutzen zu können, brauchen Privatpersonen und Unternehmen einen Provider, der sie „ans Netz" bringt. Dieser Provider stellt dann eine Verbindung zwischen dem Kunden und einem Host-Rechner her. Durch die Verbindung mit dem Host-Rechner erhält der Kunde die benötigte (weltweit eindeutige) IP-Adresse. Hierdurch wird das Endgerät des Kunden für die Zeit der Verbindung selbst zum Internet-Host. Die IP-Adresse wechselt jedoch bei jedem Neuaufbau der Verbindung, da ansonsten zu wenig Adressen zur Verfügung stehen würden. Schließlich gab es bereits 2018 20 Milliarden internetfähige Geräte.

Für die Abrechnung der Dienstleistung des Providers stehen folgende Varianten zur Verfügung:

- Vor allem im Bereich des mobilen Internets gibt es *Zeittarife*, bei denen sich die Gebühr nach der Zeitspanne richtet, die der Nutzer im Internet verbringt. Der Tarif ist für diejenigen interessant, die das Internet selten benötigen oder von unterwegs kurzzeitig ins Internet wollen.
- Beim *Volumentarif* ist die Datenmenge begrenzt, die ein Kunde downloaden darf. Wird die Menge überschritten, muss der Kunde für jedes weitere Megabyte zusätzlich bezahlen. Ein Volumentarif ist für die Kunden interessant, die das Internet lediglich für Webseiten und für E-Mails, nicht aber für das Streamen von Videos nutzen.
- Weder zeitlich noch vom Volumen begrenzt sind Kunden mit *Flatrate*. Diese kostet eine feste monatliche Gebühr, schränkt die Nutzung dafür nicht ein. Infolge massiver Netzbelastung gibt es bei manchen Anbietern auch bei einer Flatrate Datenobergrenzen. Bei Überschreitung der Datenmenge wird dann die Übertragungsgeschwindigkeit gedrosselt.
- Eine vierte Möglichkeit ergibt sich aus der Kombination der oben genannten Modelle: Tages-, Wochen- oder Monatsflatrate mit Datenobergrenze.

Natürlich können im Rahmen dieses Buches keine Empfehlungen für die Wahl eines bestimmten Internet-Providers gegeben werden. Dies wäre auch nicht sinnvoll, weil sich die Preise fast monatlich ändern und es außerdem regionale Unterschiede gibt. Ein seriöser Vergleich ist deshalb nur möglich, wenn der Wohnort berücksichtigt wird. Aktuelle Vergleichsübersichten finden Sie in einschlägigen Computerzeitschriften oder im Internet zum Beispiel unter www.onlinekosten.de oder www.billiger-surfen.de.

1.4.2 Webhosting

Seien Sie unser Gast! Rechner, die rund um die Uhr mit dem Internet verbunden sind, werden als Hosts (dt.: Gastgeber) bezeichnet.

Auch für diese Dienstleistung ist der „Internet-Service-Provider" (kurz: Provider) zuständig. Die Aufgabe von Providern besteht im Wesentlichen darin, die Webseiten anderer zu „hosten". Ein ziemlich dämlicher Begriff, denn das Verb „gastgeben" gibt es ja schließlich auch nicht. Gemeint ist damit, dass die Kunden zu Gast bei ihrem Provider sind und dieser als Gastgeber eine ständige Internetanbindung bietet.

Je nach Größe Ihres Internetauftritts gibt es hierfür mehrere Varianten:

- *Webspace*
  Für kleinere Webauftritte reicht es aus, einige Megabyte an Speicherplatz zu mieten. Der Host-Rechner beherbergt in diesem Fall die Webseiten vieler Kunden.
- *Virtueller Server*
  Eine Zwischenlösung zwischen Webspace und eigenem Server stellen virtuelle Server dar. Der Webserver wird hierbei rein softwaremäßig betrieben, ist aber als logisch geschlossene Einheit zu sehen. Dem Kunden stehen damit auch Dienste zur Verfügung, die Zugriffe ins Betriebssystem erfordern.
- *Dedicated Server*
  Große Firmen benötigen eigene Server im Internet. Diese können bei Providern gemietet werden und werden als „Dedicated Server" bezeichnet. Der Begriff kommt von „to dedicate" (dt.: widmen) und meint also Server, die ausschließlich einem Kunden zur Verfügung gestellt werden. Bei Bedarf können mehrere Server gemietet und zu einem Rechenzentrum verbunden werden.

Die Zahl an Providern ist riesig – allein in Deutschland gibt es Hunderte!

Glücklicherweise gibt es, wie so oft, Hilfe aus dem Internet: Unter www.webhostlist.de oder www.webhosting-test.de finden Sie gute Übersichten über die wichtigsten Provider sowie deren aktuelle Angebote. Im Vorfeld sollten Sie folgende Fragen klären:

Checkliste Webhosting

- Wie viel Speicherplatz in MB benötigen Sie für den Internetauftritt? Genügt Webspace oder brauchen Sie einen Server?
- Welches Transfervolumen in GB/Monat wird erwartet? Diese Frage ist sehr schwer abzuschätzen. Rechenbeispiel: 150 KB x 10.000 Nutzer/Monat = 1,4 GB/Monat
- Benötigen Sie einen oder mehrere Domain-Namen (.de, .info, .com, .name)? Benötigen Sie Subdomains?
- Wie viele E-Mail-Postfächer benötigen Sie?
- Setzen Sie Skriptsprachen ein (Perl, PHP, Ruby, ASP, CGI, .NET ...)?
- Werden die Skriptsprachen auch in der erforderlichen Version unterstützt, also z. B. PHP7?
- Verwenden Sie Datenbanken, wenn ja, welche (MySQL, MS Access, ODBC ...) und wie viele?
- Verwenden Sie ein Content-Management-System? Kann es auf den Server „portiert" werden?
- Benötigen Sie besondere Dienstleistungen wie Audio- oder Video-Streaming, sichere Verbindung (SSL), Zugriffsstatistiken?
- Wünschen Sie technischen Support? Wie teuer ist der Support?
- Zu guter Letzt: Welchen Ruf hat der Provider? Gilt er als zuverlässig? Berichten User über negative Erfahrungen?

1.4.3 Schmalband-Zugänge

Mit dem Begriff „Band" wird in der Kommunikationstechnik der Frequenzbereich bezeichnet, der zur Übertragung eines analogen oder digitalen Telefon- oder Datensignals zur Verfügung steht. Je breiter dieses Frequenzband ist, umso höher ist die sogenannte *Bit- oder Datenrate*, die ein Maß für die Geschwindigkeit der Datenübertragung ist. Sie wird in bit/s oder bps (Bit per second) angegeben, die Vielfachen sind kbps (Kilobit per second) bzw. Mbps (Megabit per second). Beachten Sie, dass bei Datenraten Kilo für 1.000 und Mega für 1.000.000 steht. Im Unterschied hierzu steht Kilo bei Daten*mengen* für 1.024 und Mega für 1.048.576. Zur Unterscheidung zwischen Bit und Byte schreiben wird das „b" bei Bit klein und bei Byte groß.

Von *Schmalband* spricht man bei Bitraten bis 128 kbps. Folgende Techniken spielen dabei eine Rolle:

Analogtelefon
Um einen analogen Telefonanschluss für das Internet nutzen zu können, ist ein sogenanntes Modem erforderlich. Es sorgt dafür, dass digitale Daten über die analoge Leitung übertragen werden können. Die typische Übertragungsgeschwindigkeit eines Modems beträgt 56,6 kbps.

Digitaltelefon (ISDN)
Bei ISDN (Integrated Services Digital Network) erfolgt die Datenübertragung digital. Die Abkürzung bedeutet, dass eine Leitung gleichzeitig für mehrere digitale Dienste, z. B. Telefon und Internetzugang, genutzt werden kann. Durch Kanalbündelung lassen sich höhere Bitraten erzielen.

Mobilfunk (GSM)
GSM (Global System for Mobile Communications) wurde bereits 1992 als Standard (1G) für die digitale Übertragung in Mobilfunknetzen (D- und E-Netz) eingeführt. Obwohl die Datenrate bescheidene 9,6 kbps beträgt, spielt GSM in der weltweiten Mobilfunktelefonie immer noch eine wichtige Rolle.

1.4.4 Breitband-Zugänge

Das Internet ist in den letzten Jahren zum multimedialen Medium mutiert, das nicht nur zum „Surfen", sondern auch zum Telefonieren (VoIP), Radio hören und Fernsehen genutzt wird. Vor allem Fernsehen in hoher Qualität (HDTV) erfordert hohe Bitraten von 6 bis 16 Mbps.

Um diesen Anforderungen gerecht zu werden, reichen Schmalband-Zugänge nicht aus. Oberhalb von 128 kbps spricht man von einem *Breitband-Zugang*. Für den Breitband-Zugang ins Internet kommen mehrere Techniken in Frage:

Telefonnetz (DSL)
Die Breitband-Technik mit der größten Verbreitung in Deutschland ist *DSL (Digital Subscriber Line)* und ermöglicht eine Bitrate von (theoretisch) bis zu 1.000 Mbps. Hierbei werden folgende Varianten unterschieden:

Die meisten privaten Internetzugänge nutzen *ADSL2+*, wobei das „A" für asymmetrisch steht. Dies bedeutet, dass für einen *Downlink* (aus dem Internet auf den eigenen Computer) und den *Uplink* (vom eigenen Computer ins Internet) mit unterschiedlichen Übertragungsraten gearbeitet wird, z. B. 24 Mbps für den Downlink und 1 Mbps für den Uplink. Vor allem Firmenkunden benötigen oft einen symmetrischen Zugang mit identischen Datenraten für den Uplink und Downlink ins Internet, der als *SDSL* bezeichnet wird.

Noch höhere Datenraten von bis zu 200 Mbps werden mit *VDSL2* (Very High Data Rate DSL) erreicht. Die Technik ist in immer mehr Gebieten verfügbar.

DSL-Konfiguration
Die Grafik zeigt den Anschluss von DSL per TAE- oder Multimediadose an einem DSL-WLAN-Router.

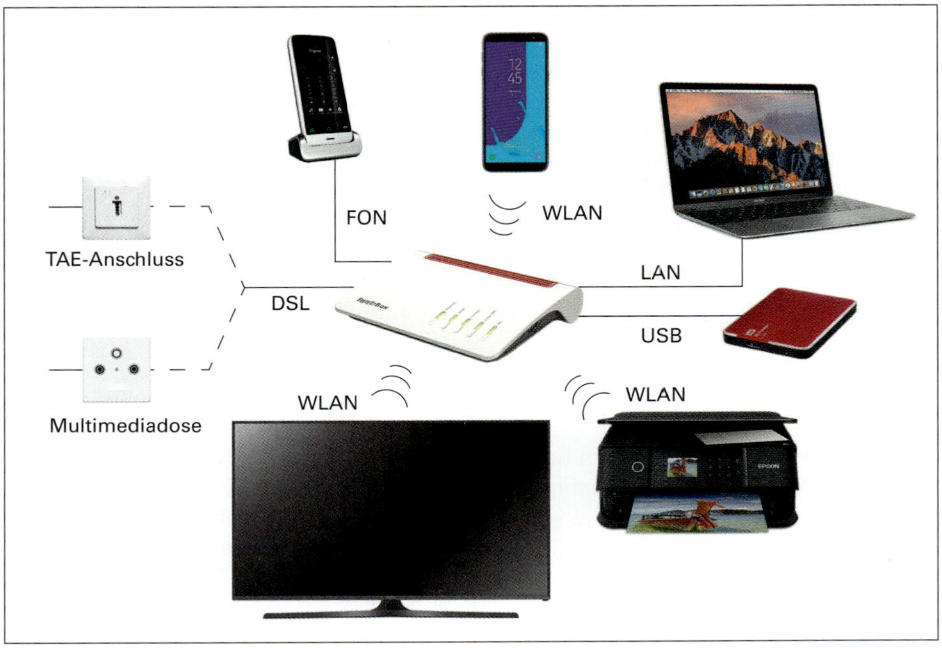

Die Anbieter werben mit dem sogenannten *Triple Play* und verstehen darunter die gleichzeitige Verfügbarkeit von Telefonie, Internet und Fernsehen über eine Leitung. Kommt noch der Mobilfunk hinzu spricht man vom *Quadruple Play*.

DSL kann über einen Telefonanschluss oder einen Kabelanschluss erfolgen. Die Grafik oben zeigt eine typische Gerätezusammenstellung in einem Privathaushalt. WLAN wird dabei immer wichtiger, Laptop und Festplatte können im Unterschied zur Darstellung natürlich auch per WLAN ins Netzwerk aufgenommen werden. Ist es ein DECT-Telefon, dann könnte auch dieses kabellos mit dem Router verbunden werden.

DECT steht für *Digital Enhanced Cordless Telecommunications*. Ein per DECT verbundenes Telefon funktioniert nur, wenn es Kontakt zum Router hat. Man spricht bei DECT auch vom „Standard der ortsgebundenen, schnurlosen Telefonie".

TV-Kabel
Über ein Kabelmodem lässt sich das in viele Haushalte verlegte Fernsehkabel für den Internetzugang nutzen. Die maximal erreichbare Bitrate beträgt derzeit 400 Mbps.

Glasfaser
Datenübertragung per Lichtwellenleiter (Glasfaser) ermöglicht extrem hohe Datenraten von bis zu 40 Gbps (Gigabit per second). Da Glasfaserkabel im Unterschied zu Telefonkabeln aber noch nicht flächendeckend verlegt sind, ist die Nutzung in Privathaushalten aktuell noch die Ausnahme. Glasfasern werden überwiegend zur Datenfernübertragung oder zur Anbindung großer Firmen genutzt. In Neubaugebieten werden aber meist bereits Glasfaserkabel verlegt

und stehen dadurch auch schon vielen Privatanwendern zur Verfügung.

Richtfunk (WiMAX)
Für abgelegene Orte gibt es seit 2005 die Möglichkeit, Breitband via Richtfunk zur Verfügung zu stellen.

WLAN
Die bekannteste drahtlose Verbindungstechnologie ins Internet ist WLAN (Wireless Local Area Network).

Hierbei verbindet sich das Endgerät mit einem nahe gelegenen *WLAN-Access-Point*, der eine ständige Verbindung ins Internet besitzt. Access-Points in der Öffentlichkeit werden als *Hot Spots* bezeichnet und erfreuen sich in Zügen, auf Bahnhöfen und Flughäfen, in Hotels und Restaurants einer großen Beliebtheit. Für WLAN gibt es mehrere Standards mit Datenraten bis 300 Mbps. Die tatsächlich verfügbare Datenrate hängt allerdings von der Anzahl an Teilnehmern ab, da sich diese die verfügbare Bandbreite teilen müssen.

UMTS
UMTS (Universal Mobile Telecommunications System) wird als Mobilfunkstandard der dritten Generation (3G) bezeichnet und ermöglicht im Vergleich zu GSM deutlich höhere Datenraten.

Für die vom deutschen Staat versteigerten UMTS-Frequenzen haben die vier großen Mobilfunkanbieter Telekom, Vodafone, O_2 und E-Plus Milliarden bezahlt. Momentan ermöglicht UMTS Datenraten für Downlinks bis theoretisch 42 Mbps (HSPDA) und für Uplinks 5,7 Mbps (HSPUA). Damit sind mit DSL vergleichbare Bitraten erreichbar.

LTE
Noch schneller geht es mit der Mobilfunktechnologie der vierten Generation

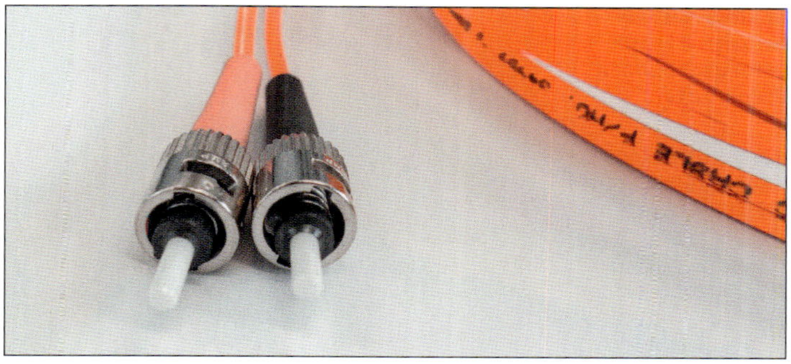

Glasfaserkabel

(4G): Mit LTE (Long Term Evolution) sind Downlinks von 300 Mbps erreichbar. Der 5G-Standard verspricht in Zukunft Datenraten von bis zu 20 Gbit/s.

1.4.5 Verfügbarkeit

Die Bedeutung des Internets ist heute so groß, dass ein schneller Internetzugang fast schon von existenzieller Bedeutung ist.

Die Bemühungen sind deshalb groß, Breitband-Anschlüsse flächendeckend zu ermöglichen. Die Grafiken auf den nächsten Seiten zeigen, dass es noch große regionale Unterschiede gibt.

Breitbandverfügbarkeit nach Gemeindeprägung, Stand: 2017
Quelle: statista

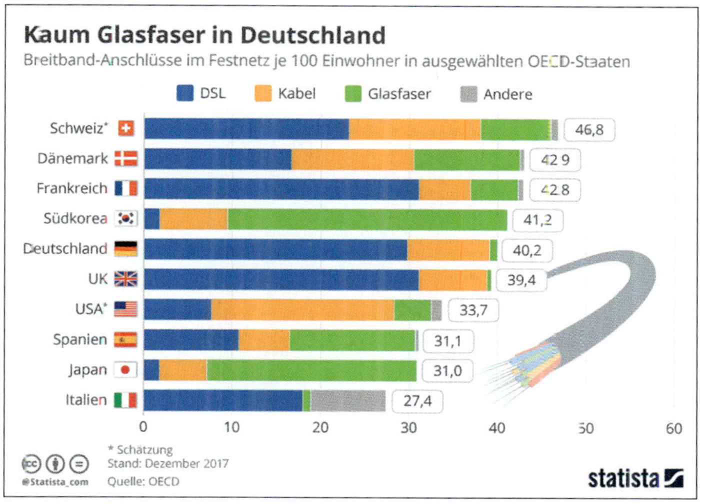

Breitbandverfügbarkeit ≥ 6 Mbps, leitungsgebunden, Stand: 2017

- > 95 bis 100 %
- > 75 bis 95 %
- > 50 bis 75 %
- > 10 bis 50 %
- 0 bis 10 %
- nicht besiedelt

Quelle: breitband-atlas.de

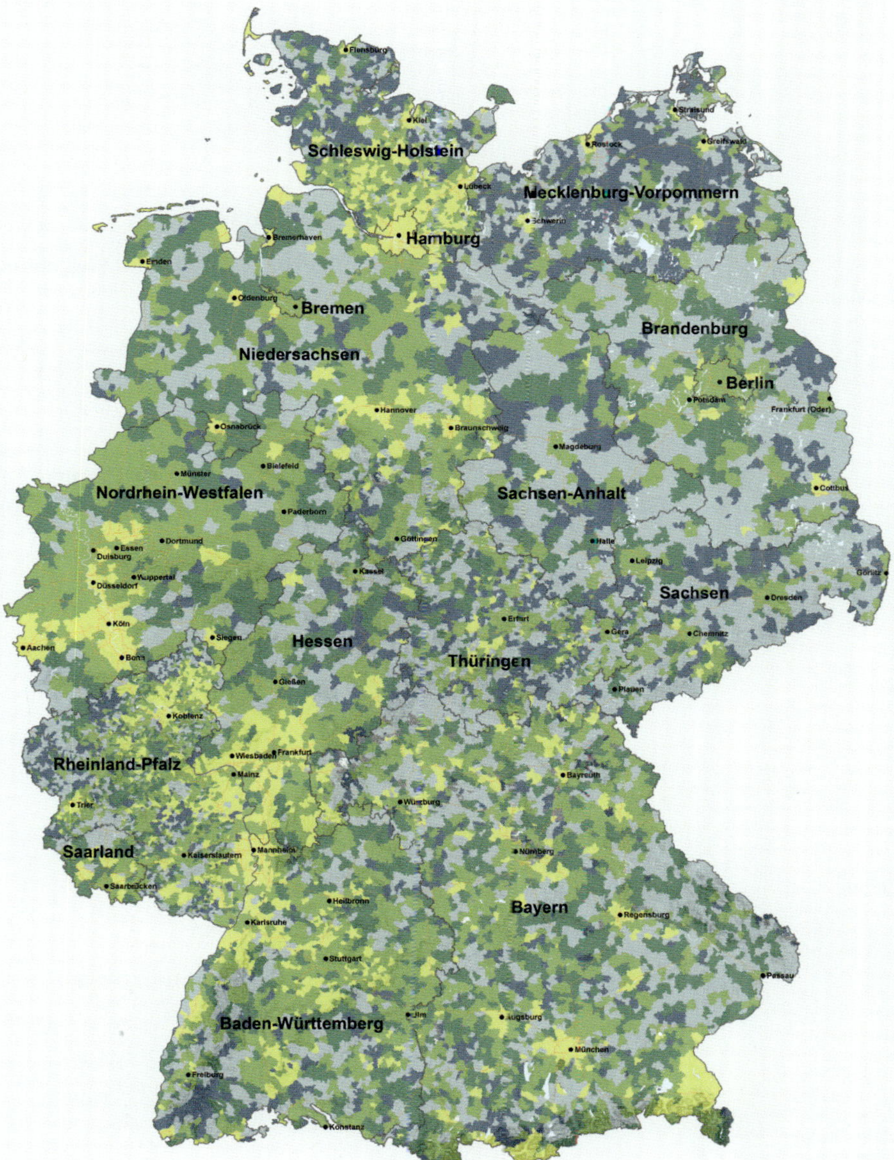

Breitbandverfügbarkeit ≥ 50 Mbps, leitungsgebunden, Stand: 2017

- > 95 bis 100 %
- > 75 bis 95 %
- > 50 bis 75 %
- > 10 bis 50 %
- 0 bis 10 %
- nicht besiedelt

Quelle: breitband-atlas.de

1.5 Aufgaben

1 Internetdienste kennen

Erklären Sie die Funktion der folgenden Dienste des Internets:

a. WWW

b. E-Mail

c. FTP

d. VPN

e. VoIP

2 E-Mail-Protokolle kennen

Erklären Sie den Unterschied zwischen POP3 und IMAP.

3 Internetprotokolle kennen

Wofür stehen die Abkürzungen IP und TCP?

IP:

TCP:

4 IP-Adressen kennen

Geben Sie die allgemeine Struktur einer IPv4-Adresse an.

Aufbau einer URL

https://de.wikipedia.org/static/images/project-logos/dewiki-1.5x.png

(A) (B) (C) (D) (E) (F)

5 Aufgaben der Internetprotokolle kennen

Nennen Sie je zwei Funktionen folgender Protokolle:

a. IP

1.

2.

b. TCP

1.

2.

6 DNS kennen

a. Wofür steht die Abkürzung „DNS“?

b. Welche Funktion hat der DNS?

7 Aufbau einer URL kennen

Ordnen Sie in der Abbildung oben den Bestandteilen der URL die richtigen Bezeichnungen zu:

A :

B :

C :

D :

E :

F :

8 URL kennen

a. Wofür steht die Abkürzung „URL“?

b. Welche Funktion hat eine URL?

9 Domain-Namen kennen

Ein Kunde möchte seinem Internetauftritt den Domain-Namen *www.gemüse-müller.de* geben. Wie beraten Sie den Kunden?

10 Domain-Namen registrieren

a. Nennen Sie die beiden Institutionen, die für die Verwaltung von Domain-Namen in Deutschland und den USA zuständig sind.

D:

USA:

b. Wie kann ein Domain-Name reserviert werden?

11 Webhoster wählen

Zählen Sie fünf Fragen auf, die Sie sich bei der Auswahl eines Webhosters stellen.

1.

2.

3.

4.

5.

12 Internetzugänge kennen

Nennen Sie je drei Zugangsverfahren ins Internet.

a. Leitungsgebunden:

1.

2.

3.

b. Drahtlos:

1.

2.

3.

Uplink:

13 Unterschied zwischen Schmal- und Breitband kennen

Erklären Sie den Unterschied zwischen einem Schmalband- und einem Breitband-Zugang ins Internet.

Schmalband-Zugang:

Breitband-Zugang:

14 Down- und Uplink unterscheiden

Unterscheiden Sie die Begriffe Downlink und Uplink.

Downlink:

2.1 Leben mit dem Internet

Google Übersetzer
Die App „Google Übersetzer" ermöglicht eine Übersetzung in Echtzeit, inkl. Darstellung der Übersetzung im Kamerabild eines Smartphones.

Wie viel leichter ist das Leben geworden, dank Internet. Vieles hat sich durch die zunehmende Nutzung des Internets in den letzten 20 Jahren verändert, hier nur drei Beispiele:

Einkaufen
Einkäufe vom Sofa erledigen, das ging früher nur mit Warenkatalog und Telefonbestellung beim Versandhaus (z. B. Quelle, Otto oder Baur). Auch große deutsche Kaufhausketten, wie Karstadt und Kaufhof, haben durch den Boom von Amazon und Co. massiv an Umsatz eingebüßt.

Heute können die meisten Produkte über das Internet bestellt werden, Paketunternehmen bringen die Ware dann direkt an die Haus- bzw. Wohnungstüre. Selbst Lebensmittel, wie Obst und Gemüse, oder Brötchen vom Bäcker müssen nicht mehr selbst geholt werden.

Kommunikation
Wann haben Sie das letzte Mal einen Brief geschrieben? Also einen echten, vielleicht sogar von Hand? Oder aus dem Urlaub eine Postkarte? Selbst Telefonanrufe werden immer seltener zur Kommunikation genutzt. E-Mails und Dienste, wie WhatsApp, Skype oder Facebook, haben unsere Kommunikation generationsübergreifend verändert. Sprachbarrieren werden immer unbedeutender, wie die Abbildung oben verdeutlicht.

Arbeit
Alles wird schneller, „just in time" ist nur ein Stichwort. Unternehmen verzichten immer mehr auf Lagerhaltung, das Warenwirtschaftssystem bestellt selbsttätig online beim Lieferanten. Zur Konferenz werden Mitarbeiter aus aller Welt per Videotelefonie zugeschaltet und die Mitarbeiter des Call-Centers eines deutschen Unternehmens sitzen in Indien, weil die Welt inzwischen so gut vernetzt ist, dass dies wirtschaftlicher ist.

Wenn die Schulung der Mitarbeiter mit der Virtual-Reality-Brille durchgeführt wird, dann ist das Unternehmen in der Neuzeit angekommen.

P. Bühler et al., *Internet*, Bibliothek der Mediengestaltung,
https://doi.org/10.1007/978-3-662-55393-0_2

2.2 Internetnutzer

2.2.1 Wer nutzt das Internet?

ARD und ZDF veröffentlichen hierzu jedes Jahr eine Online-Studie, die Sie unter www.ard-zdf-onlinestudie.de abrufen können. Eine weitere Studie, die sich mit dem Mediennutzungsverhalten von Jugendlichen beschäftigt, ist JIM (www.mpfs.de). Die Tabelle unten zeigt die durchschnittliche Internetnutzung nach Geschlecht, Alter und beruflichem Status. Aus den Zahlen lassen sich folgende Aussagen ableiten:

- Knapp 90 % der deutschen Bevölkerung nutzt das Internet.
- In der Altersgruppe bis 39 Jahre nutzt praktisch jeder das Internet.
- Die Altersgruppe ab 60 Jahre hat in den vergangenen Jahren massiv aufgeholt und nutzt das Internet auch bereits zu fast 75 %.
- Im Geschlechtervergleich zeigt sich, dass das Internet zwar immer noch häufiger von Männern genutzt wird, der Abstand zu den Frauen ist inzwischen jedoch gering.
- Erstaunlich ist, dass Menschen, die nicht berufstätig sind, das Internet deutlich weniger nutzen.

Interessant ist der Vergleich zwischen 2007 und 2017: In der Gruppe der Jugendlichen zeigt sich eine Zunahme von nur 4,2 %, während die Senioren über 49,1 % zugelegt haben.

Aktuell nutzen die Deutschen ab 14 Jahren durchschnittlich mehr als 3 Stunden täglich das Internet. In der Nutzergruppe 14 – 29 Jahre, den sogenannten *Digital Natives,* sind es bereits fast 6 Stunden, eine Tendenz, die von vielen Experten als problematisch erachtet wird. Als Digital Natives werden Personen der gesellschaftlichen Generation bezeichnet, die in der digitalen Welt aufgewachsen ist, also die Welt ohne Internet gar nicht mehr kennt.

Tägliche Internetnutzung
(Anteil an 12 h)

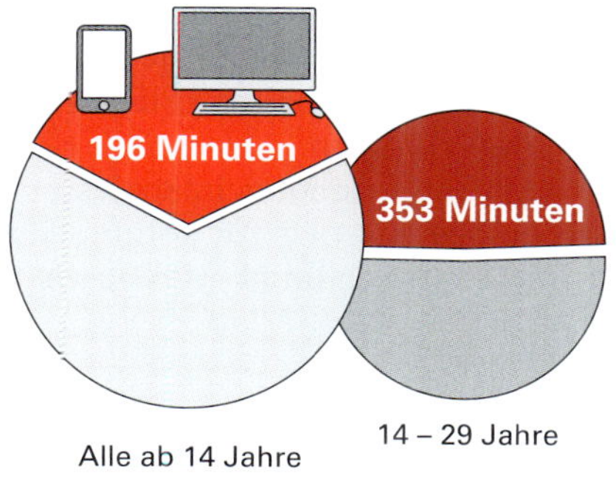

Durchschnittliche Dauer der täglichen Internetnutzung in Deutschland

Internetnutzung in Deutschland in %

	2002	2003	2004	2005	2006	2007	2008	2009	2010	2011	2012	2013	2014	2015	2016	2017
Gesamt	44,1	53,5	55,3	57,9	59,5	62,7	65,8	67,1	69,4	73,3	75,9	77,2	79,1	79,5	83,8	89,8
männlich	53,0	62,6	64,2	67,5	67,3	68,9	72,4	74,5	75,5	78,3	81,5	83,5	83,7	83,4	87,8	90,6
weiblich	36,0	45,2	47,3	49,1	52,4	56,9	59,6	60,1	63,5	68,5	70,5	71,1	74,6	75,8	80,0	89,0
14 – 19 Jahre	76,9	92,1	94,7	95,7	97,3	95,8	97,2	97,5	100,0	100,0	100,0	100	100	100	100	100
20 – 29 Jahre	80,3	81,9	82,8	85,3	87,3	94,3	94,8	95,2	98,4	98,2	98,6	97,5	99,4	97,7	98,4	100
30 – 39 Jahre	65,6	73,1	75,9	79,9	80,6	91,9	87,9	89,4	89,9	94,4	97,6	95,5	97,4	94,2	97,4	98,8
40 – 49 Jahre	47,8	67,4	69,9	71,0	72,0	73,8	77,3	80,2	81,9	90,7	89,4	88,9	93,9	91,9	97,1	94,8
50 – 59 Jahre	35,4	48,8	52,7	56,5	60,0	64,2	65,7	67,4	68,9	69,1	76,8	82,7	82,1	83,2	89,3	93,0
ab 60 Jahre	7,8	13,3	14,5	18,4	20,3	25,1	26,4	27,1	28,2	34,5	39,2	42,9	45,4	50,4	56,6	74,2
in Ausbildung	81,1	91,6	94,5	97,4	98,6	97,6	96,7	98,0	100,0	100,0	100,0	100	100	100	100	99,8
berufstätig	59,3	69,6	73,4	77,1	74,0	78,6	81,8	82,3	82,4	87,0	90,7	89,6	92,8	92,2	95,2	96,2
nicht berufstätig	14,8	21,3	22,9	26,3	28,3	32,0	33,6	34,7	36,4	45,0	44,7	50,2	51,3	56,9	60,9	76,2

2.2.2 Zweck der Nutzung

Das Diagramm unten zeigt eine interessante Zusammenstellung, welche Online-Aktivitäten weltweit in 60 Sekunden von den betreffenden Unternehmen erfasst werden.

Neben der besonders intensiven Nutzung des Internets zur Kommunikation via WhatsApp und E-Mail sowie zur Suche nach Informationen nimmt die Nutzung des Internets zum Zeitvertreib weiter kräftig zu. Statt vor dem Fernseher das Livefernsehen anzusehen, werden immer öfters Streamingdienste in Anspruch genommen, immer häufiger auch gegen Bezahlung.

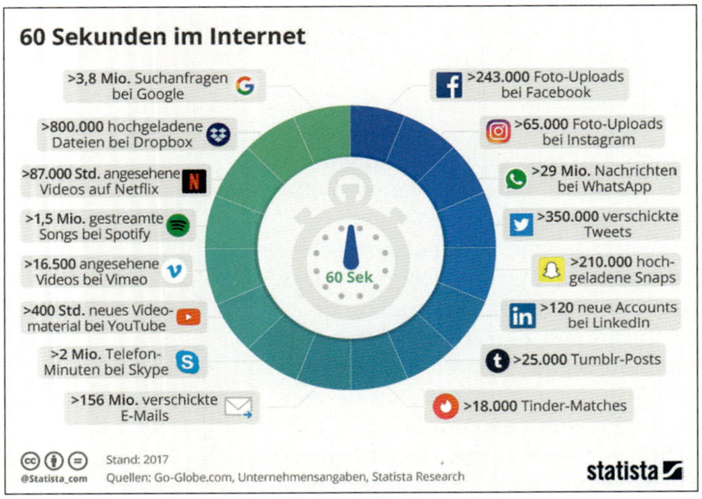

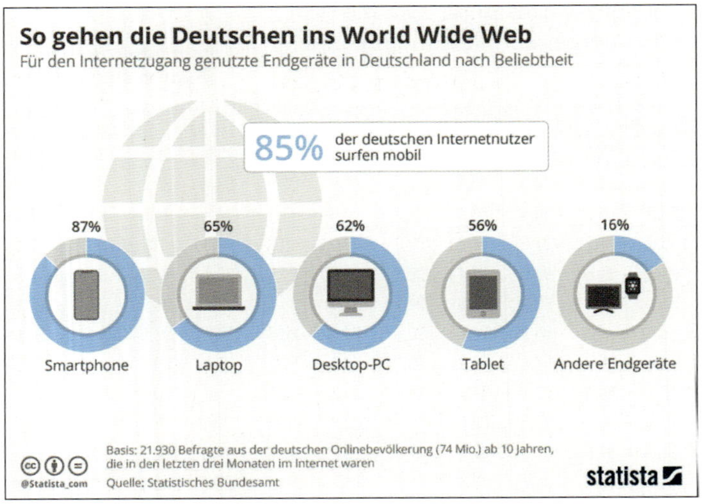

Die Aktivitäten von Nutzern im Internet lassen sich in vier Bereiche gliedern:

1. *Information*
   Gezielte Suche oder freies „Surfen“
2. *Kommunikation*
   E-Mail, Community, Chats, Foren
3. *Freizeit*
   Video, Fernsehen, Audio, Spiele
4. *Konsum*
   Auktionen, Shopping, Tausch

2.2.3 Verwendete Endgeräte

Eine weitere, für Webentwickler zentrale Frage ist, mit welchen Geräten die Nutzer ins Internet gehen. Hierüber gibt die Statistik links unten Auskunft:

Der Trend geht klar weg vom stationären PC und hin zu mobilen Endgeräten. Das Smartphone ist zum häufigsten Endgerät bei der Internetnutzung geworden.

2.2.4 Nutzerkompetenz

Im Jahr 2018 waren über 90% der Deutschen zumindest gelegentlich im Internet. Wie die Statistik rechts zeigt, schenkt nicht einmal die Hälfte der Nutzer Suchtreffern Beachtung, die an zweiter Stelle oder nachrangig gelistet werden. Interessant ist auch, dass nur etwa 50% der Nutzer denken, dass die eigene Kompetenz ausreicht, um auch anderen in diesen Bereichen weiterzuhelfen. Ebenso ist wichtig zu wissen, dass auch die *Digital Natives* in vielen der hier genannten Bereiche wenig Kompetenzen besitzen.

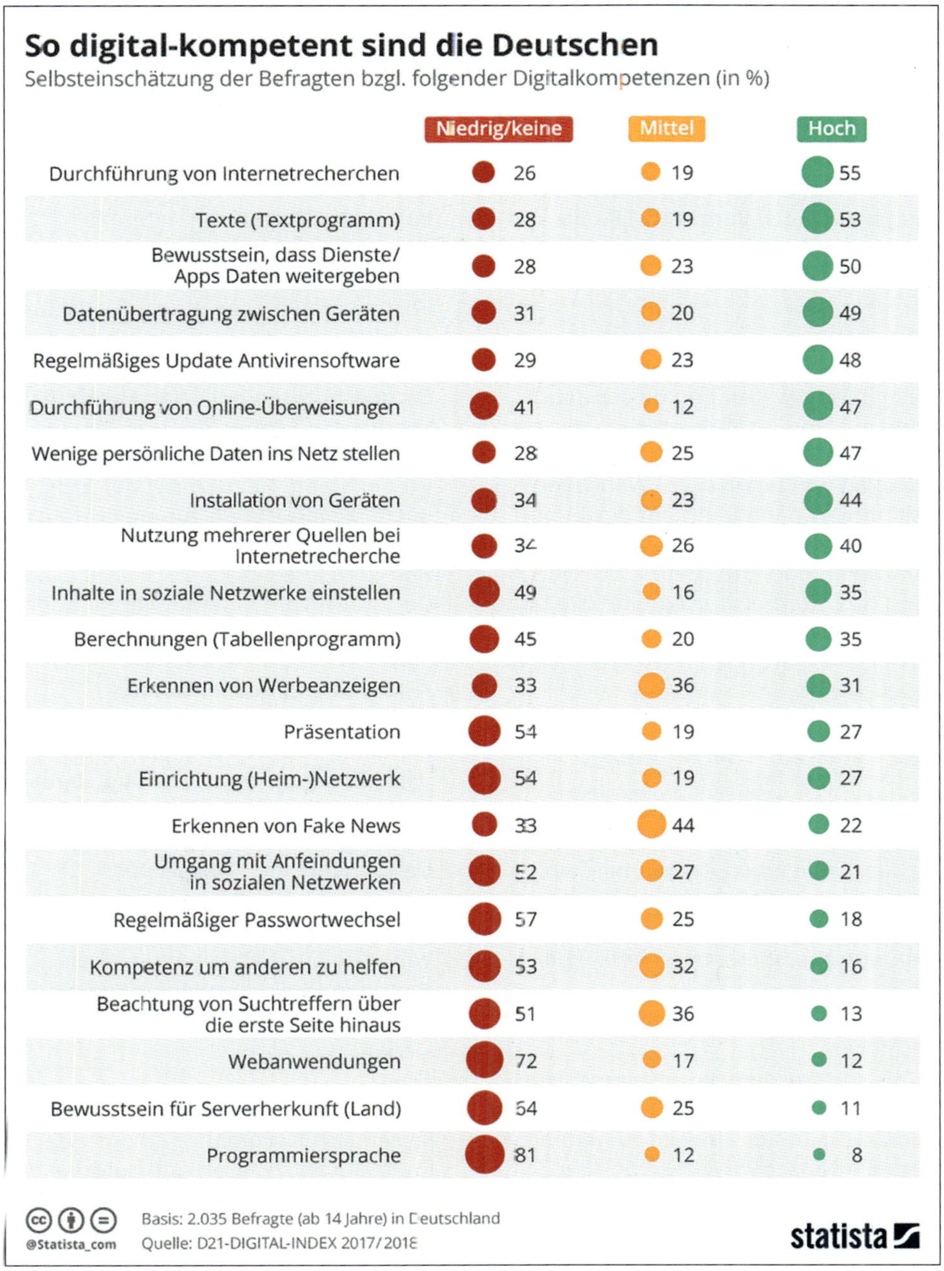

Digitale Kompetenzen in Deutschland (Selbsteinschätzung)

2.3 Web X.0

Bei Software ist es üblich, die Version durch eine fortlaufende Nummer zu kennzeichnen. Obwohl das Internet nicht mit Software zu vergleichen ist, konnte sich der Begriff „Web 2.0" durchsetzen – nicht zuletzt auch aus Marketinggründen. Rückwirkend spricht man heute auch vom Web 1.0 und als Ausblick auf zukünftige Entwicklungen vom Web 3.0.

2.3.1 Web 1.0 – „Altes" Web

Das Internet bis Anfang dieses Jahrhunderts bestand im Wesentlichen daraus, dass sich wenige Experten um das Erstellen von (statischen) Webseiten gekümmert haben, um auf diesen für ihre Kunden Informationen und Dateien zum Download anzubieten. Die Nutzung des Internets erfolgte für die User *passiv*, da eine aktive Einbindung aus technischen Gründen nicht oder kaum möglich war.

2.3.2 Web 2.0 – Social Web

Der Begriff „Web 2.0" wurde durch den Verleger *Tim O'Reilly* populär, der im Jahr 2005 einen Artikel mit dem Titel „What is Web 2.0?" veröffentlicht hat. Sie können den von Patrick Holz ins Deutsche übersetzten Artikel bei Interesse unter http://www.clicks-and-stones.de/wer-ich-war/was-ist-web-2-0/ nachlesen.

Welche wesentlichen Unterschiede bestehen zwischen dem frühen Internet und 2.0? In erster Linie ist zu nennen, dass die Nutzer von passiven Konsumenten zu Akteuren werden. Das erklärte Ziel sei es, so O'Reilly, von der „kollektiven Intelligenz" der Nutzergemeinschaft zu profitieren.

Man spricht bei Web 2.0 deshalb auch vom *Mitmach-Web*. Heute wissen wir, dass dieser Ansatz perfekt funktioniert. Sie alle kennen die zahlreichen „Erfolgsgeschichten":

- *Wikis*
  Gab es ein Leben vor Wikipedia?
- *Blogs*
  Ein Blog ist ein chronologisches Tagebuch oder Magazin im Internet.
- *Mikroblogs*
  Unter diesen Blogs mit sehr kurzen Posts wurde insbesondere Twitter zu einem Riesenerfolg.
- *Social Communities*
  Datenschutz hin oder her: Facebook konnte im Oktober 2012 die Marke von 1.000.000.000 Nutzern knacken – jeder siebte Mensch auf der Erde nutzt Facebook. Was für eine Erfolgsstory!
- *Pod- und Videocasts*
  Der Traum vom eigenen Radio- oder Fernsehsender ist Wirklichkeit geworden.
- *Foto- und Videocommunitys*
  Die Nutzung von Flickr, MyVideo und vor allem YouTube hat dank Breitband-Zugang explosionsartig zugenommen. Videodaten machen heute den größten Anteil der übertragenen Datenmenge im Internet aus.
- *Social Bookmarks*
  Die Idee ist, digitale Lesezeichen, also Verweise auf Webseiten, an einer zentralen Stelle abzulegen, um sie so anderen Nutzern zur Verfügung zu stellen.
- *Feeds*
  Mit Hilfe von Feeds (RSS, Atom) lassen sich Nachrichten, Blogs oder Podcasts abonnieren und automatisch im Webbrowser anzeigen.
- *Social Commerce*
  Auch beim Verkauf, bei Versteigerungen oder beim Tauschhandel werden die Nutzer eingebunden. Über Rezensionen und Bewertungen

Fliegen, Fliegen oder Fliegen?

Das Beispiel illustriert die semantische Bedeutung des Wortes. Die tatsächlich gemeinte Bedeutung wird nur im Zusammenhang klar.

können sie ihre Meinung zu einem Produkt mitteilen, um anderen den Kauf zu empfehlen oder davon abzuraten.

- *Open Source*
  Software entwickelt sich vom lizenzpflichtigen „Produkt" zur kostenlosen „Dienstleistung", die nicht nur entwickelt, sondern gepflegt und weiterentwickelt werden muss. Die Anwender werden in diese Entwicklung einbezogen.

Ausführliche Informationen zum Thema „Social Media" finden Sie in Kapitel 3.

2.3.3 Web 3.0 – Social Semantic Web

Die Semantik untersucht die *Bedeutung, den Sinn und Inhalt von Zeichen*. Im Zusammenhang mit dem Internet ist vor allem die Bedeutung von Wörtern und Sätzen von Interesse. Um dies zu verdeutlichen, betrachten wir ein Beispiel: Wenn Sie in Google die Frage „Wo gibt es in Freiburg Fliegen?" eingeben, dann *wissen* wir, was mit dieser Frage gemeint ist.

Ein Computer weiß dies nicht, denn es könnte

- das Kleidungsstück „Fliege",
- das Tier „Fliege" oder
- die Tätigkeit „Fliegen"

gemeint sein. Entsprechend sind die „Treffer" bei Google derzeit noch nicht sonderlich hilfreich.

Woher wissen wir, welche Bedeutung gemeint ist? Wenn nur dieses eine Wort genannt wird, können wir die gemeinte Bedeutung tatsächlich nur raten. Im *Kontext* aber wird uns die Bedeutung sofort klar: Wo bekomme ich Fliegen? Wo kann ich in Freiburg fliegen? Wie viele Beine haben Fliegen?

Was Menschen als Kleinkinder mit der Sprache lernen, stellt für einen Computer eine riesige Herausforderung dar. Da er nicht über die in vielen Jahre im menschlichen Gehirn gesammelten Erfahrungen verfügt, kann er diese Rückschlüsse aus dem Kontext nicht ziehen.

Genau an diesem Punkt setzen semantische Technologien an: Ziel ist, dass Computerprogramme die inhaltliche Bedeutung von Daten erkennen und logische Schlüsse daraus ziehen können. Sie müssen hierzu lernfähig werden, wie wir Menschen es auch sind.

Die semantische Suchmaschine der Zukunft wird dann auf die Frage „Wo gibt es in Freiburg Fliegen?" eine präzise Wegbeschreibung zum Modegeschäft geben.

Beispiele für solche semantischen Suchanfragen sehen Sie auf der folgenden Seite am Beispiel der Suchmaschine *Google* (www.google.de) und *Wolfram Alpha* (www.wolframalpha.com), der weltweit ersten semantischen Suchmaschine.

Eine inhaltliche Analyse beschränkt sich aber nicht nur auf Texte, sondern kann sich auch auf Bilder, Sounds

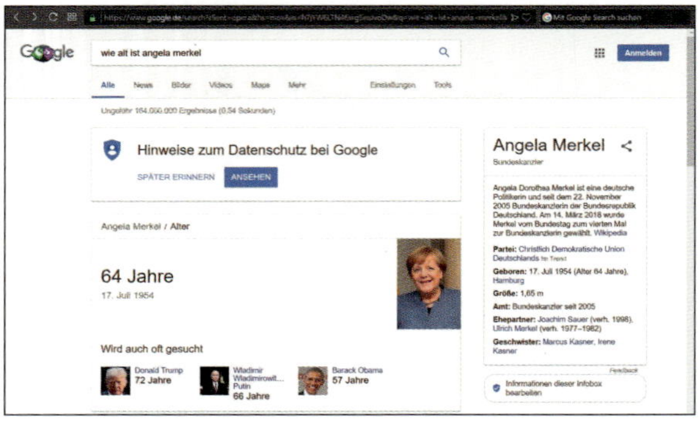

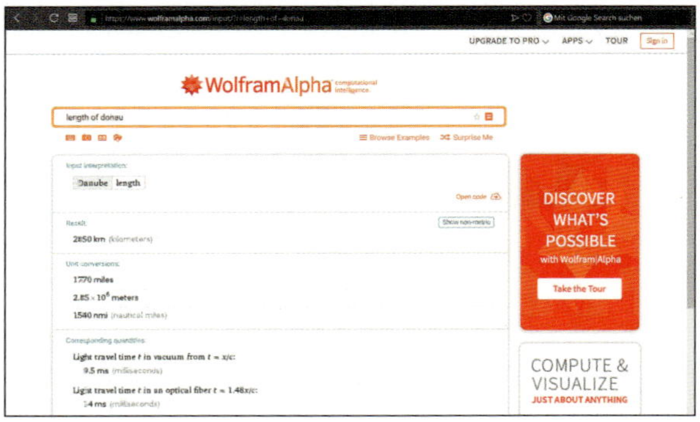

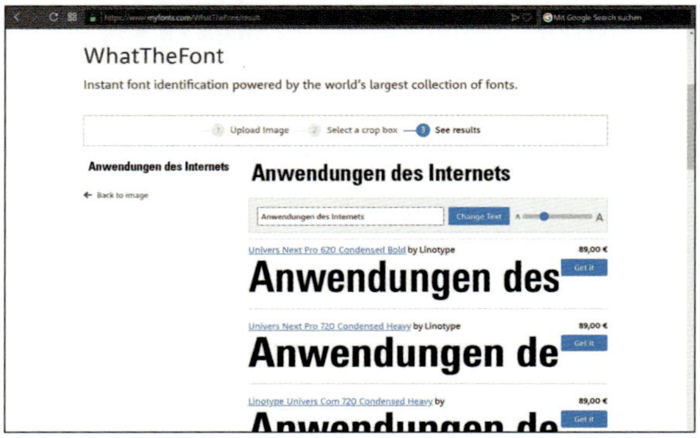

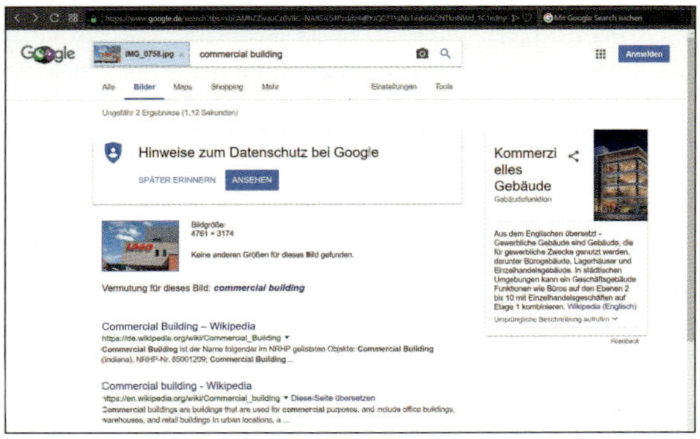

Semantische Suchen

- Links oben: Suchanfrage „Wie alt ist Angela Merkel?“ bei www.google.de
- Rechts oben: Suchanfrage „length of donau“ bei www.wolframalpha.com
- Links unten: Suche durch Upload eines Bildes von einem Text nach ähnlichen/gleichen Schriften bei www.myfonts.com/WhatTheFont
- Rechts unten: Suche durch Bildupload nach ähnlichen Bildern bzw. Informationen zum Bild bei www.google.de

oder Videos beziehen. Ein Beispiel ist die Gesichtserkennung, die u. a. bei Facebook eingesetzt wird, oder Anwendungen wie Whatthefont, die die Suche nach bestimmten Schriften erleichtert. In der Industrie kommen schon lange bildverarbeitende Verfahren zum Einsatz, z. B., um Produkte automatisch zu sortieren. In der Medizin lassen sich damit Röntgenbilder analysieren.

2.3.4 Web 4.0 – Smart Web

„Smart“ Web bedeutet übersetzt, dass das Internet der Zukunft „schlau“ bzw. „clever“ wird. Doch was heißt das? Schließlich kann *das Internet* ja nicht denken.

Gemeint ist damit, dass wir es immer mehr mit Geräten zu tun haben werden, die mitdenken. *KI*, also „künstliche Intelligenz“, ist das Stichwort, das hier eine Rolle spielt.

Es reicht also für Web 4.0 nicht, wie beim Schlagwort *Industrie 4.0*, den Kühlschrank mit dem Lebensmittelgeschäft zu vernetzen und wenn ein bestimmter Artikel den Kühlschrank verlässt, dann wird nachbestellt.

Nein, für Web 4.0 braucht es mehr; bei Web 4.0 lernt der Kühlschrank, welche Lebensmittel Sie wochenlang im Kühlschrank belassen, bis das Mindesthaltbarkeitsdatum abgelaufen ist, und dann wegwerfen. Er wird dies bei einer neuen Bestellung berücksichtigen. Er wird mehr und mehr lernen, welche Markenpräferenzen und Lieblingsprodukte Sie haben, und an Ihrem Geburtstag (den er aus Facebook weiß) dafür sorgen, dass der Kühlschrank gut gefüllt ist, weil ihm Ihr Smartphone oder Ihr Smart Assistant „geflüstert" hat, dass zehn Gäste zum Abendessen erwartet werden.

Das Internet 4.0 wird ein „aktives" Web und gleichzeitig ein „unsichtbares" Web, vieles wird ohne unser aktives Handeln passieren und vielleicht auch ohne, dass wir es merken. Im aktuellen Web 3.0 ist die Verwendung von Suchmaschinen nach wie vor von wesentlicher Bedeutung, und diese geben uns auf ihren größten inhaltlichen Webseiten Informationen, die wir je nach Bedarf nutzen können. An manchen Stellen spüren Sie schon den „Geist der Zukunft". Webbanner berücksichtigen Produkte, die Sie sich schon einmal angeschaut haben, eine App sagt Ihnen, ob Sie sich ausreichend bewegen und wie viele Kalorien Sie beim Sport verbraucht haben. Vielleicht nutzen Sie ja auch bereits eine „Smart" Watch oder vielleicht haben Sie ja auch schon einen „Smart" Assistant, der Ihnen das Leben erleichtert?

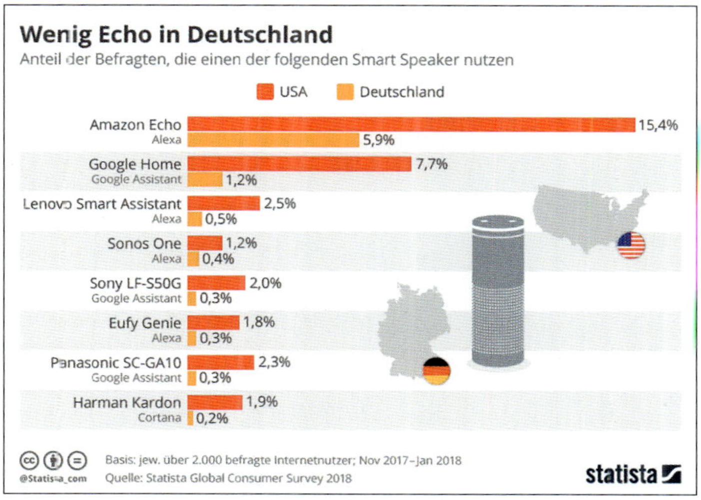

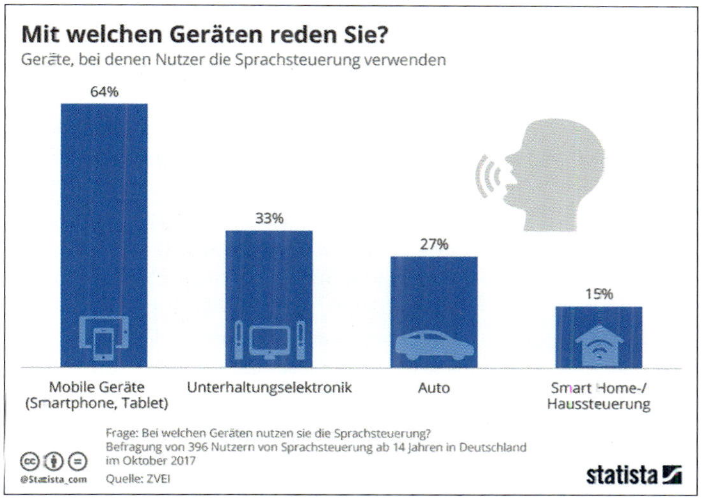

Smart Assistants

- Oben: Verbreitung von Smart Speakern
- Unten: Anteilige Nutzung von Sprachsteuerung, auch Mehrfachnennungen

Smart Assistant

„Alexa mach mal die Musik leiser!" Wer hätte vor 20 Jahren gedacht, dass wir tatsächlich einmal mit Geräten sprechen werden und vielleicht auch irgendwann gar nicht mehr unterscheiden können, ob wir mit einer echten Person oder einer Maschine reden? Eine verlockende Aussicht, z. B. für die Betreiber von Call-Centern. Wenn Sie zum Beispiel eine Unterkunft in London für eine Nacht in einem Hotel benötigen, dann müssen Sie im Web 3.0 in einer Suchmaschine z. B. „Zimmer London" eingeben und die Suchmaschine liefert Ihnen eine Liste von Webseiten, die Sie besuchen können, um dort ein Zimmer zu buchen. Im Web 4.0 werden dank Sprachsteuerung einige der Schritte überflüssig, auf diese Weise wird die Verwendung des Internets direkter und „unsichtbarer". Sie sagen einfach Ihrem Smart Assistant oder Ihrem Smartphone etwas wie „Reserviere ein Zimmer in London für den 9. Juni 2019" und es wird eine Reservierung in einem Hotel veranlasst, basierend auf dem, was wir mögen. Unseren Geschmack hat der virtuelle

Big Data

Assistent schließlich durch genaue Datenanalyse immer besser kennengelernt. Falls Sie dem Smart Assistant noch nicht ganz vertrauen, müssen Sie die Buchung noch bestätigen, aber das ist dann Ihre Entscheidung.

Eine nächste Stufe der Entwicklung könnte sein, dass Geräte uns von sich aus Vorschläge machen, z. B.:

- Der digitale Assistent weiß, dass Sie gerne James-Bond-Filme sehen und wird Sie daher von sich aus informieren, wenn ein neuer James Bond im Kino anläuft.
- Sie sind Mitglied in einem Fitnessstudio, waren aber seit einigen Wochen nicht mehr dort? Ihr Smart Assistant wird, nachdem er die Fitnessapp kontaktiert und Ihren Kontostand abgefragt hat, entweder dazu raten, die Mitgliedschaft zu kündigen, oder Ihnen dazu raten, wieder einmal dort hinzugehen.

„Smarte" Assistenten erleichtern uns allen das Leben. Für Behinderte ist diese technische Entwicklung ein Segen, zumal ausnahmsweise Geräte, die ihnen das Leben erleichtern, auch auf dem Massenmarkt erhältlich sind.

Big Data

Wenn Geräte im Web 4.0 mitdenken sollen, dann ist dies nur möglich, wenn riesige Mengen an Daten gesammelt und ausgewertet werden.

Wenn in den vergangenen Jahren davor gewarnt wurde, im Internet sorgsam mit Informationen umzugehen, dann ist dies nichts verglichen mit den Informationen, die in Zukunft von uns im Internet unterwegs sein werden. Vielleicht wird uns das Internet recht bald besser kennen als wir uns selbst.

In der Abbildung links oben sehen Sie beispielhaft Informationen, die über Internetnutzer gesammelt und dann für verschiedene Verwendungszwecke aufbereitet werden.

Einige Einsatzbereiche von Big Data für Firmen sind:

- *Zielgruppenansprache*: Je besser ein Unternehmen seine Kunden kennt, umso effektiver kann das Marketing Werbemaßnahmen durchführen.
- *Personalisierung*: Wer braucht welche Produkte? Welchen Preis ist der Kunde bereit und fähig zu zahlen? Muss ein Kunde aus München, der ein iPhone der neuesten Generation nutzt, mehr bezahlen als ein Kunde mit einem alten Billig-Smartphone, der auf dem Land lebt?
- *Risikomanagement*: Möchten Sie Ihre Online-Bestellung per Rechnung bezahlen? Wenn die Datenanalyse Sie als vertrauenswürdig einstuft, kein Problem!
- *Betrugserkennung*: Durch Analyse von Verhaltensmustern und über eine Art Plausibilitätsprüfung soll ein Betrug z. B. beim Online-Banking

präventiv entlarvt werden. Doch was passiert, wenn Sie sich selbst einmal ungewöhnlich verhalten und einen ungewöhnlich hohen Geldbetrag einer Organisation spenden wollen?

Internet der Dinge

Noch vor einigen Jahren war die Anzahl an möglichen Internetadressen stark begrenzt. Mittlerweile wurden die IP-Adressen (auf IPv6) umgestellt und stehen in so großer Zahl zur Verfügung, dass jedes beliebige Gerät einen eigenen Internetzugang erhalten kann: vom Kühlschrank bis zur Klimanlage, vom Auto bis zum Briefkasten.

Damit bieten sich beliebige Möglichkeiten zur Vernetzung der realen mit der virtuellen Welt: Heizung und Klimaanlage stellen sich nach Wettervorhersage ein, das Auto vereinbart einen Wartungstermin mit der Werkstatt und der Briefkasten meldet sich, wenn er geleert werden will.

Durch die Miniaturisierung der Elektronik und drahtlose Übertragungstechnik sind diese Szenarien technisch alle machbar. Ob wir sie brauchen und ob wir die Kontrolle unseres Alltags mehr und mehr den Maschinen überlassen wollen, ist fast schon eine philosophische Frage.

Augmented Reality

Eine besondere Möglichkeit der Vernetzung von Daten mit realen Informationen bietet Augmented Reality, was frei übersetzt „erweiterte Realität" bedeutet. Hierbei werden Bilder, die von Kameras erfasst werden, um digitale Informationen ergänzt. Anwendungsbeispiele sind:

- Beschreibungen von Sehenswürdigkeiten oder Informationen zu technischen Produkten
- Assistenten im Auto, die, wie in der Abbildung oben gezeigt, Fußgänger per Nachtsichtgerät erkennen und diese gezielt anleuchten. Assistenten, die Verkehrszeichen per Kamera erkennen und auf Geschwindigkeitsüberschreitungen hinweisen, sind aktuell bereits schon in vielen Neuwagen verbaut.
- Übersetzungen von Schildern in die deutsche Sprache bei Auslandsreisen in Echtzeit, wie beim Google Übersetzer (siehe Abbildung auf Seite 20)
- Produktbeschreibungen und Preise zu ausgestellten Waren in Schaufenstern
- Dreidimensionale Darstellungen in Fach- oder Schulbüchern

Der Fantasie sind keine Grenzen gesetzt und man darf gespannt sein, was uns in den nächsten Jahren erwartet.

Augmented Reality
Fußgängererkennung

Server-Virtualisierung

Der Server der Zukunft ist „virtuell". Es geht bei der Virtualisierung von Servern um eine optimale Auslastung der Rechenleistung und eine Optimierung von Zugriffszeiten auf Websites.

Dadurch, dass die einen Server mit mehr unterschiedlichen Aufgaben besser ausgelastet werden, können andere Server heruntergefahren werden, um Energie zu sparen. Auch können Daten bei hoher regionaler Nachfrage näher zur Zielgruppe kopiert werden, um Zugriffszeiten zu verringern.

2.4 Cloud Computing

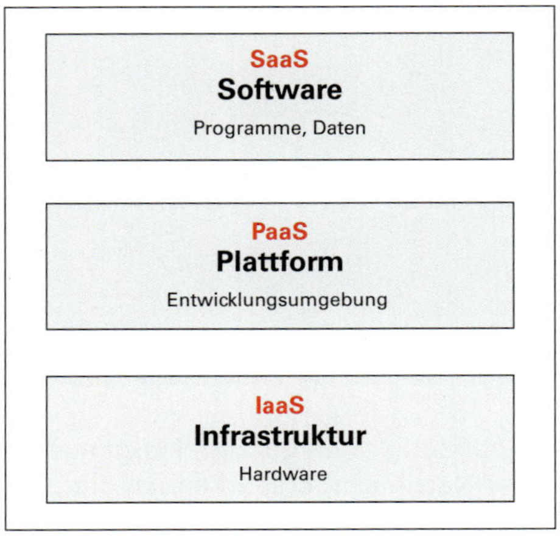

Cloud Computing
Die Grafik zeigt die drei Ebenen, auf denen Cloud Computing stattfindet.

Im Internet, das im Computerbereich häufig als Cloud (dt.: Wolke) dargestellt wird, befinden sich Millionen von Rechnern mit gigantischer Rechen- und Speicherkapazität. In Zeiten schwacher Netzlast sind viele dieser Server nicht annähernd ausgelastet.

2.4.1 IaaS, PaaS und SaaS

Die grundlegende Idee des Cloud Computing besteht darin, diese Rechenleistung und Speicherkapazität den Nutzern des Internets zur Verfügung zu stellen. Beim Cloud Computing werden drei Geschäftsmodelle unterschieden:

IaaS (Infrastructure as a Service)
Bei diesem Dienst kann der Nutzer Rechnerinfrastruktur, z. B. Server, mieten und spart sich somit die Kosten für eigene Geräte. Ein weiterer Vorteil ist die hohe Flexibilität, da die Serverkapazität problemlos an die (wechselnden) Bedürfnisse angepasst werden kann. Auch das Ausfallrisiko ist sehr gering. Ein Beispiel für die Möglichkeit zur Nutzung von Rechenkapazitäten im Internet ist die Dienstleistung EC2 (Elastic Compute Cloud) von Amazon.

PaaS (Platform as a Service)
Unter „Plattform" wird in diesem Fall die Entwicklungsumgebung verstanden, die Entwickler zur Realisation ihrer Webanwendungen benötigen. PaaS bietet hier unter anderem den Vorteil, dass ortsunabhängig im Team entwickelt werden kann. Außerdem spielt auch hier die hohe Zuverlässigkeit eine Rolle. Ein Anwendungsbeispiel ist Windows Azure.

SaaS (Software as a Service)
Während sich die beiden oben beschriebenen Dienste eher an Firmen und Entwickler wenden, hat SaaS vor allem den Endkunden im Blick: Wenn Software ins Web verlagert wird, braucht sich der Nutzer nicht mehr um Versionen, Bugs und Sicherheitslücken kümmern. Außerdem kann er von jedem internetfähigen Endgerät auf die Software zugreifen.

Das Lizenzmodell ändert sich also dahingehend, dass nicht mehr für jeden Platz eine Lizenz erworben werden muss, sondern dass für Software eine monatliche Nutzungsgebühr erhoben wird.

2.4.2 Cloud-Speicher

Die Nutzung von Speicherplatz im Internet wird Cloud-Speicher genannt. Die Dienstleistung, die iCloud, Google Drive, Dropbox und andere Lösungen anbieten, wird als *Infrastructure as a Service (IaaS)* bezeichnet. Cloud-Speicher sind sehr beliebt und werden in großer Zahl, oft sogar kostenlos, angeboten.

Ihr großer Vorteil besteht darin, dass Sie auf den Speicher mit jedem Endgerät zugreifen können, das mit dem Internet verbunden ist. Dateien können von Ihnen freigegeben werden, so dass auch andere Personen diese Dateien downloaden oder bearbeiten können.

Ein weiterer Vorteil ist, dass sich die Dateien mit den lokal gespeicherten Daten synchronisieren lassen. Ändern Sie eine Datei auf Computer **A**, wird die Änderung in die Cloud **B** übernommen. Wechseln Sie zu einem Endgerät **C**, dann synchronisiert sich dieses mit der Cloud und verfügt somit über die aktuelle Datei (siehe Grafik oben). Das System dient also auch als Datenbackup.

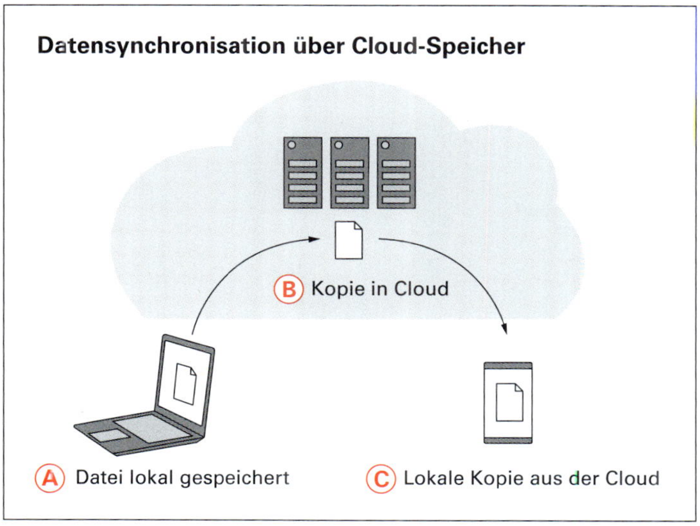

Cloud-Speicherung

2.4.3 Software in der Cloud

Software as a Service (SaaS) ist ein Teilbereich des Cloud Computing, bei dem die Anwendung ganz oder teilweise nicht mehr lokal, sondern auf einem Server in der Cloud ausgeführt wird. Aktuell ist diese Art der Cloud-Nutzung noch selten, meist werden, wie bei der *Adobe Creative Cloud,* nur Dateien, Schriften oder Einstellungen in der Cloud gespeichert. In Zukunft werden jedoch mehr und mehr Anwendungen ohne lästige Installationen und Updates auf dem lokalen Rechner **A** live auf einem Server **B** in der Cloud laufen, jedoch bedeutet dies dann, dass man offline nicht mehr arbeiten kann. Der Zugriff auf die Software wird meist über einen Webbrowser realisiert.

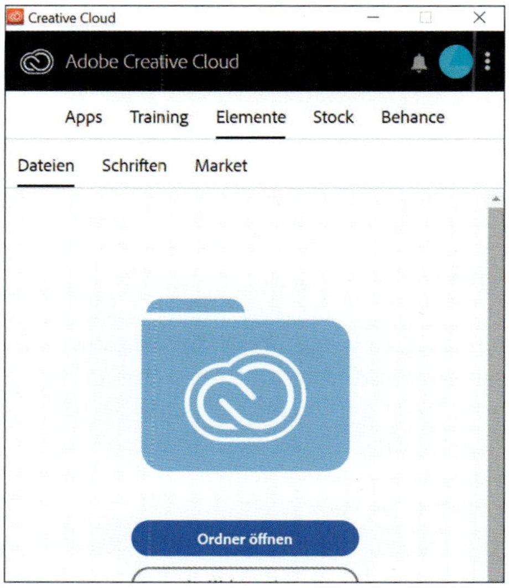

Software in der Cloud

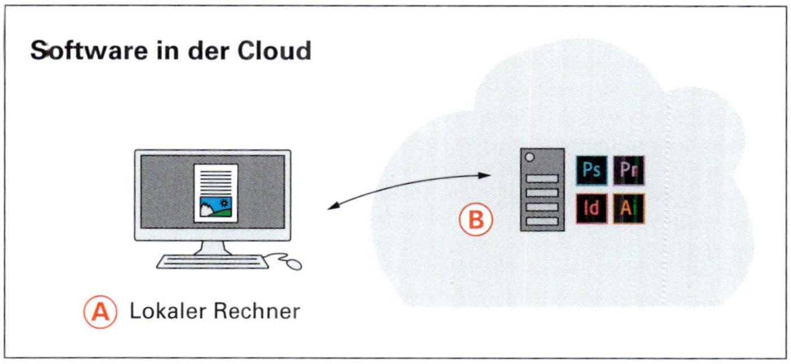

2.4.4 Rechenleistung in der Cloud

Auch die Nutzung von Rechenleistung aus dem Internet wird – wie die Datenspeicherung in der Cloud – der Dienstleistung *Infrastructure as a Service (IaaS)* zugeordnet.

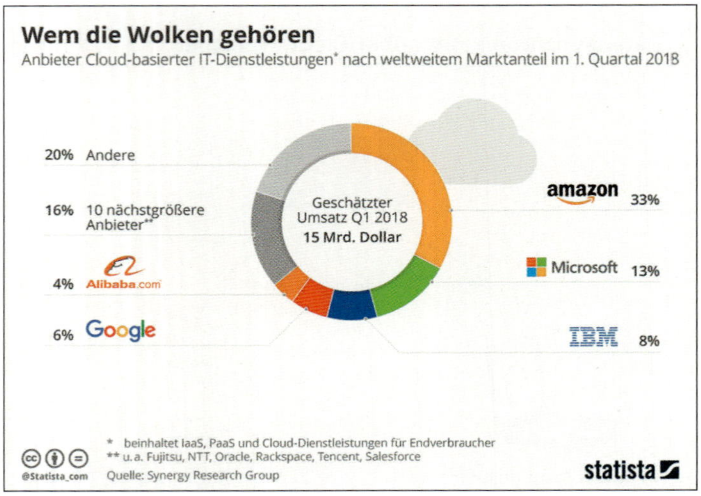

Weltweite Marktanteile von Cloud-Anbietern

Mal kurz ein zweistündiges 4k-Video rendern? In Photoshop eben mal 500 RAW-Bilder konvertieren? Vielleicht hat auch bei solch rechenintensiven Aufgaben das Warten bald ein Ende. Leistungsfähige Großrechner **B** könnten solche Aufgaben sehr schnell erledigen, ohne dass vor Ort **A** die leistungsfähige Hardware bereitgestellt werden muss.

Eine möglichst effiziente Auslastung ist hier das Ziel. Schließlich ist es nicht einzusehen, dass man einen extrem leistungsfähigen Arbeitsplatzrechner bereithält, wenn nur ab und zu anspruchsvolle Aufgaben zu erledigen sind, daher wird die Nutzung von Rechenleistung im Internet sicherlich in Zukunft häufiger werden.

Rechenleistung in der Cloud

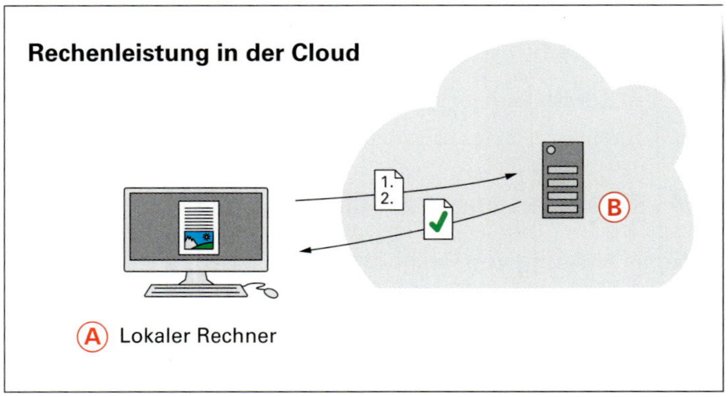

2.4.5 Vorteile des Cloud Computing

Vieles spricht für die Verwendung von Cloud-Speichern und in manchen Bereichen, wie der Sicherung von Handy-Daten, ist die Cloud-Speicherung gar nicht mehr wegzudenken:

- Durch die Vielzahl an Rechnern ist die Ausfallsicherheit sehr hoch. Aufwändige Daten-Backups können zukünftig entfallen.
- Cloud-Dienste sind flexibel an die Bedürfnisse des Nutzers anpassbar: Die Erweiterung von 50 auf 100 GB Speicher oder die Intergration weiterer Server sind problemlos möglich.
- Der Nutzer muss sich nicht um die Installation, Administration und Wartung der Hard- und Software kümmern.
- Die oft mühsame Softwareverteilung auf alle Rechner eines Schul-, Hochschul- oder Firmennetzes ist nicht mehr erforderlich.
- Software ist immer auf dem neusten Stand, entdeckte Fehler werden zentral behoben.
- Soft- und Hardware können zeit-, orts- und geräteunabhängig genutzt werden.

2.4.6 Nachteile des Cloud Computing

Neben den vielen Aspekten, die für die Verwendung von Cloud-Speichern sprechen, gibt es jedoch auch bedenkenswerte Argumente dagegen:

Datensicherheit
Ihre Daten bzw. Dateien befinden sich irgendwo auf einem Webserver – Sie

wissen nicht wo und Sie wissen auch nicht, was mit den Daten passiert, wenn es den Anbieter nicht mehr gibt. Hier kann die automatische Synchronisation der Daten zum Verhängnis werden:

Werden Dateien im Cloud-Speicher gelöscht, dann werden sie auch lokal gelöscht. Ein zusätzliches, von der Cloud unabhängiges Backup ist deshalb dringend anzuraten.

Datenschutz

Viele Dienste sind vermeintlich kostenlos. Firmen sind jedoch keine Wohltätigkeitsvereine, sondern verfolgen kommerzielle Interessen, was ja auch ihr gutes Recht ist.

Sie bezahlen deshalb auch bei „kostenlosen" Angeboten letztlich immer, nur eben nicht mit Geld, sondern mit Ihren Daten.

Daten sind für Firmen von unschätzbarem Wert. Je mehr eine Firma über Ihr Kauf- und Freizeitverhalten oder – noch schlimmer – über Ihren Gesundheitszustand weiß, umso gezielter kann sie via Internet passgenaue Angebote machen, ohne dass Sie dies überhaupt merken.

Insbesondere in den USA wird der Umgang mit Datenschutz und Urheberrecht deutlich lockerer gehandhabt als bei uns, so dass fraglich ist, ob Sie Microsoft, Apple, Google & Co. Ihre Daten anvertrauen wollen. Tun Sie dies doch, sollten Sie zumindest folgende Maßnahmen treffen:

- Zugriffsschutz auf den Cloud-Speicher durch sicheres Passwort
- Kein Upload von personenbezogenen Daten in die Cloud
- Auswahl eines Cloud-Dienstes mit Servern in Deutschland oder Einrichtung eines eigenen Webservers, z. B. mit Hilfe der Open-Source-Software ownCloud

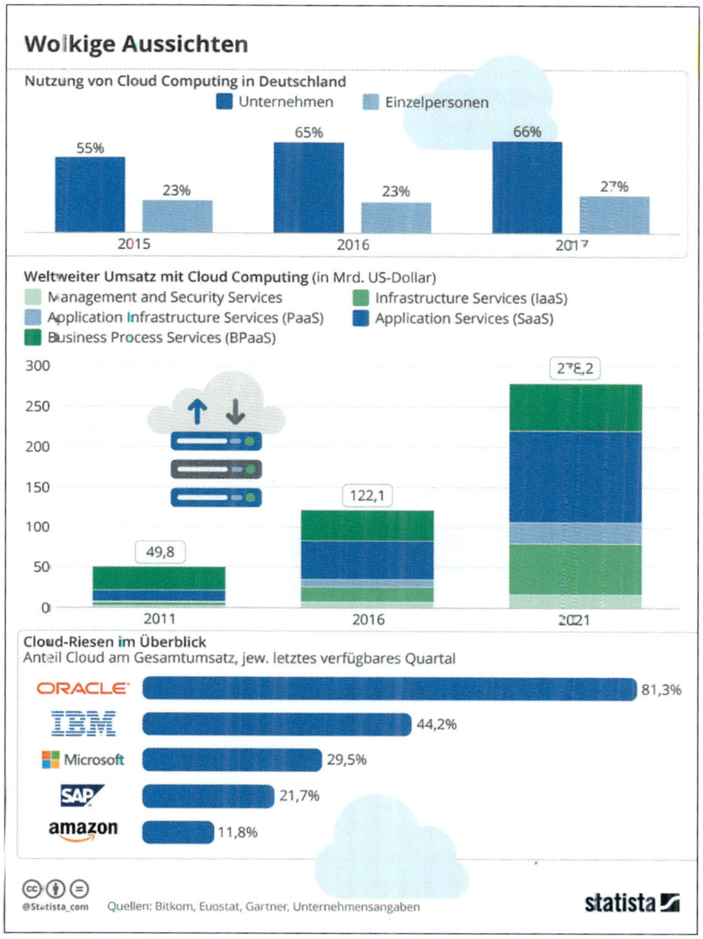

Datenzusammenstellung zum Cloud Computing

- Oben: Nutzungsveränderung der Cloud bei Unternehmen und Privatpersonen
- Mitte: Weltweiter Umsatz mit Cloud Computing
- Unten: Umsatzanteile von großen Cloud-Anbietern

Weitere Nachteile

- Was geschieht mit Ihren Daten, wenn der Dienstleister insolvent wird oder an einen anderen Anbieter verkauft wird?
- Was passiert, wenn die Internetverbindung unterbrochen wird? Der Zugriff auf die Daten ist dann nicht mehr möglich. Die Abhängigkeit vom Internet steigt also enorm an. Kann in Zukunft niemand mehr ohne das Internet arbeiten?

2.5 Weitere Einsatzzwecke des Internets

Erfolgreichste Online-Shops in Deutschland

2.5.1 Einkaufen

Gibt es noch Menschen in Deutschland, die noch nie Produkte im Internet bestellt haben?

Viele Einzelhändler mussten schon ihre Geschäfte wegen des boomenden Online-Handels schließen, Paketzusteller haben im Gegenzug mit einer noch nie dagewesenen Flut an Paketen zu kämpfen. Der Grafik oben können Sie entnehmen, dass der Platzhirsch Amazon aktuell die gesamte Konkurrenz in Deutschland weit hinter sich lässt.

Streaming gegen Bezahlung in Deutschland

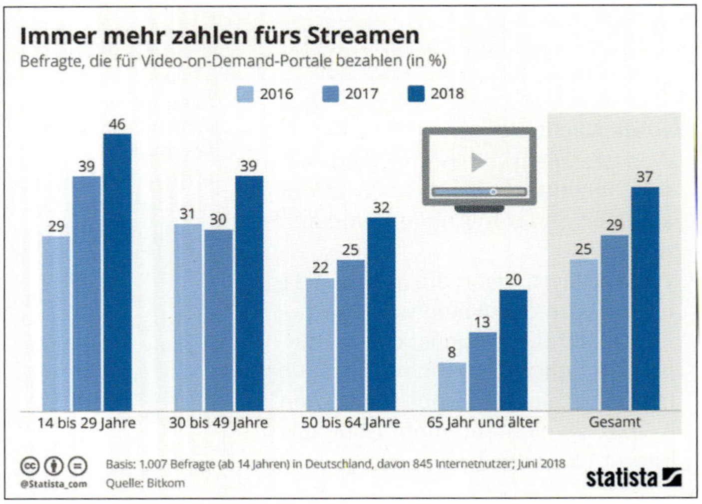

2.5.2 Informationen

Informationsbeschaffung ist weiterhin ein Hauptnutzungszweck des Internets, trotz Zensur in manchen Ländern und der zunehmenden Anzahl an Fakenews (vorgetäuschte Nachrichten).

Den meisten Nutzern ist klar, dass die Quelle der Informationen im Internet entscheidend für deren Glaubwürdigkeit ist. Informationen zu finden und deren Richtigkeit zu bewerten ist eine wichtige Kompetenz unserer Zeit.

2.5.3 Streaming

Die Streaming-Technologie ermöglicht es, Audio oder Video „live" oder auf Anfrage (Video-on-Demand) über das Internet zu übertragen. Radio und Fernseher wurden hierdurch zum global verfügbaren Medium. Alleine die Online-Videoportale Netflix und YouTube waren 2018 zusammen für mehr als 25 % des gesamten weltweiten Downstream-Traffics verantwortlich. Immer mehr Deutsche sind auch bereit, fürs Streaming zu bezahlen.

2.5.4 Geld im Internet

Wenn im Internet viel eingekauft wird, dann stellt sich zwangsläufig die Frage der Art der Zahlungsabwicklung.

Was liegt näher, als auch die Bezahlung weitgehend über das Internet zu erledigen?

Online-Bezahlsysteme

Paypal und *Sofortüberweisung* sind zwei in Deutschland sehr verbreitete

Lösungen, die den Verkäufern eine zuverlässige Bezahlung sicherstellen und im Falle von Paypal auch dem Käufer gewisse Sicherheiten geben. Paypal wickelt die Bezahlung treuhänderisch über ein virtuelles Konto ab.

Kryptowährungen
Warum nicht gleich vollständig auf „echtes" Geld verzichten? Mit einer Kryptowährung ist digitaler Zahlungsverkehr ohne eine Bank möglich.

Ob eine Kryptowährung etwas „wert" ist oder nicht, hängt wie beim Euro oder dem Dollar davon ab, ob der Herausgeber der Währung Vertrauen genießt, die Geldmenge nicht über die Maßen erhöht wird und das Geld fälschungssicher ist. Offenbar sind diese Faktoren für viele Menschen auch bei einer Kryptowährung erfüllt, obwohl Herausgeber und im Umlauf befindliche Geldmenge meist nicht genau recherchierbar sind, so ist zumindest die Fälschungssicherheit dank der Technologie *Blockchain* gewährleistet. Oben rechts sehen Sie die beliebtesten Kryptowährungen weltweit.

Dennoch bleibt die Frage „Wozu brauchen wir eine Kryptowährung?" Nun, ein großer Vorteil ist sicherlich, dass Zahlungen mit dieser Währung nicht von Banken registriert und von Staaten nachvollzogen werden können. Ist die Kryptowährung also das Schwarzgeld von heute?

Online-Banking
Unverzichtbar für Unternehmen und Privatpersonen ist inzwischen das Online-Banking geworden. Das Problem der meist notwendigen Zwei-Faktoren-Authentifizierung (z. B. PIN und TAN per SMS) könnte aber ja vielleicht im Web 4.0 geringer werden, wenn das Internet „weiß", dass Sie es sind

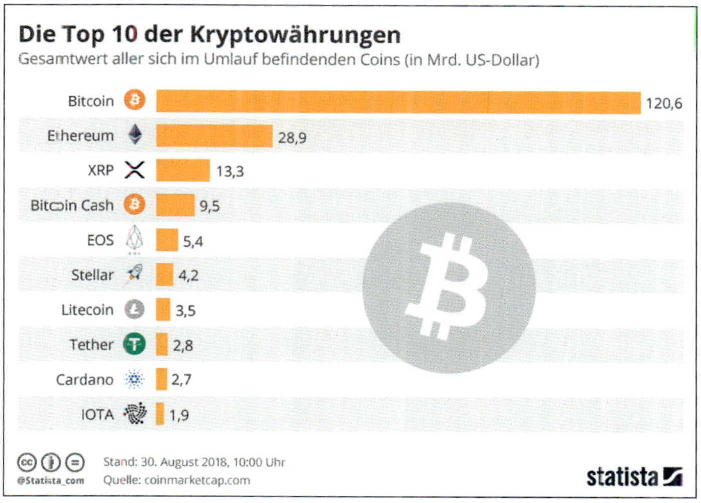

Erfolgreichste Kryptowährungen weltweit

der gerade Geld überweisen möchte. Natürlich werden Zahlungen in Zukunft immer häufiger direkt mit dem Smartphone durchgeführt, statt bar oder per EC-Karte.

2.5.5 Sonstiges

Tracking
Die Abbildung unten zeigt die Live-Tracking-Plattform von DPD. Meist werden diese Daten jedoch nicht den Endkunden offengelegt, sondern dienen ausschließlich unternehmensinternen Zwecken. Über das Internet können mit

Live-Tracking bei DPD

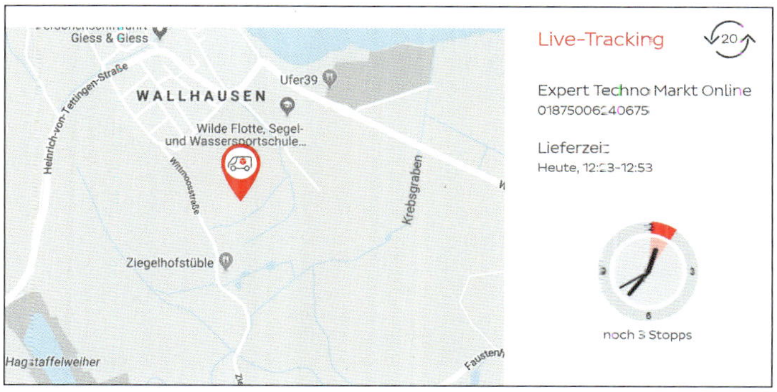

Hilfe von GPS-Trackern aktuelle Aufenthaltsorte und Bewegungsprofile von z. B. Menschen, Tieren und Fahrzeugen übermittelt werden.

GPS-Tracker werden entweder in einem Gerät eingebaut (wie z. B. in jedem Smartphone) oder eine Person oder ein Tier trägt diese freiwillig oder unfreiwillig mit sich. Eingesetzt wird die Technik z. B. zur Minimierung von Fahrzeugdiebstählen, aber auch von besorgten Eltern oder Tierbesitzern, die so ihren Liebling stets über das Internet orten können.

eGovernment

Auch bei den Behörden ist das digitale Zeitalter angebrochen. Große Teile der Kommunikation mit Behörden ist inzwischen über das Internet möglich. So müssen heute z. B. schon viele Bürger ihre Steuererklärung über das Internet abgeben.

Fernwartung

Wegen seiner einfachen Bedienung ist das Programm TeamViewer der in Deutschland bekannteste Vertreter für Desktop-Sharing-Software. Der TeamViewer bietet eine Ende-zu-Ende-Verschlüsselung, so dass die Daten nicht mitgelesen werden können.

Deep Web und Darknet

Die meisten von uns surfen auf der Oberfläche, im sogenannten Surface-Web, also dem Teil des Internets, der für alle frei zugänglich ist.

Deep Web und Darknet sind versteckte Bereiche des WWW, die nicht *indexiert* sind, also von Suchmaschinen nicht durchsucht werden.

Während das Deep Web neben der Speicherung von Cloud-Daten und E-Mails auch von Forschungseinrichtungen und Regierungen genutzt wird, wird das Darknet von all jenen genutzt, die einen großen Bedarf an Anonymität haben. Das Darknet kann nur über einen speziellen „Tor-Browser" betreten werden. Sie können der Grafik links unten selbst entnehmen, welche Inhalte das Darknet hauptsächlich bereithält. Die in der Abbildung unten dargestellten Zahlen beruhen auf Schätzungen aus Fachkreisen.

Darknet

- Links: Inhalte im Darknet
- Rechts: WWW mit Surface-Web, Deep Web und Darknet

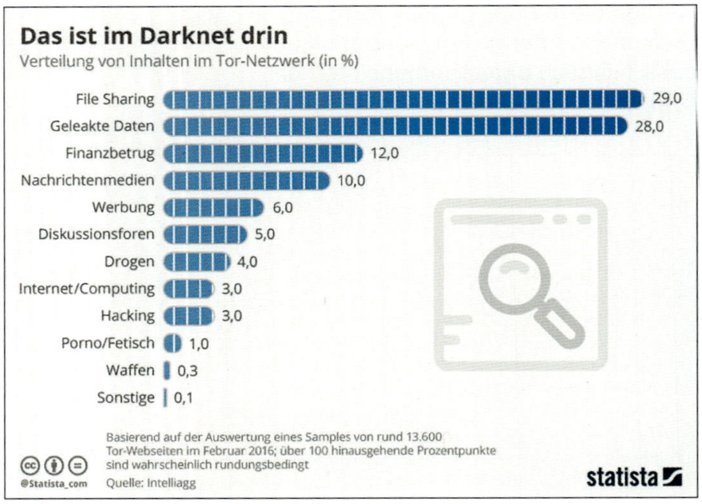

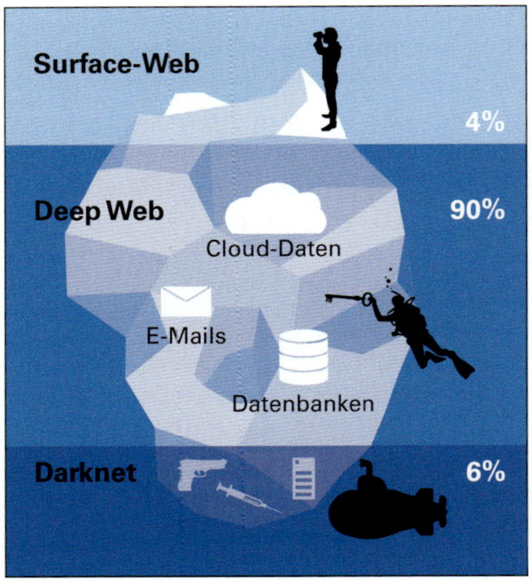

2.6 Gefahren im Internet

Während es noch vor einigen Jahren Datenträger waren, die zur Verbreitung von Computerviren geführt haben, ist es mittlerweile fast ausschließlich das Internet, über das sich Viren, Würmer, Trojaner und andere Schädlinge in oft rasender Geschwindigkeit verbreiten. Die Hauptgefahr geht hierbei von E-Mail-Attachments und von Sicherheitslücken der Webbrowser aus.

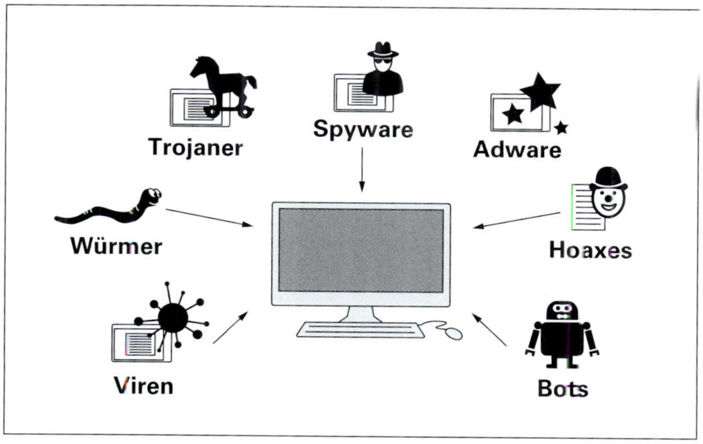

Verschiedene Arten von Malware

2.6.1 Malware

Der Begriff „Viren" wird oft fälschlicherweise als Oberbegriff für Schädlinge aller Art bezeichnet. Besser sollte hierbei von „Malware" (Zusammensetzung aus „Malicious Software", also bösartige Software) gesprochen werden. Ihre wichtigsten Vertreter sind:

Viren
Viren sind kleine Programme, die sich wie ihre organischen Verwandten zur Verbreitung an ein Wirtsprogramm anhängen müssen. Das Virus wird aktiv, wenn das Wirtsprogramm (durch Doppelklick) gestartet wird.

Eine besondere Form stellen Makroviren dar, die sich vor allem im Office-Bereich verbreiten, da Word & Co. über eine Makrosprache (Visual Basic) verfügen. Beim Öffnen eines Word- oder Excel-Dokuments wird das Makroprogramm gestartet und der schädliche Programmcode unbemerkt ausgeführt.

Würmer
Im Unterschied zum Virus benötigt ein Wurm zur Verbreitung kein Wirtsprogramm, sondern stellt ein eigenes ausführbares Programm dar. Wichtigste Verbreitungsmöglichkeit für Würmer bieten E-Mails, weil sie Dateien als Anhang enthalten können. Wird der als Dateianhang empfangene Wurm durch Doppelklick gestartet, so kann er sich beispielsweise an alle im Adressbuch gespeicherten E-Mail-Adressen versenden. Dies erklärt, weshalb sich Würmer nach dem „Schneeball-Prinzip" in rasanter Weise verbreiten: Geht man pro E-Mail-Adressbuch von zwanzig Adressen aus, dann werden im ersten Schritt 20, dann 400, 8.000, 160.000, 3,2 Millionen neue Computer infiziert.

Leider sind mittlerweile Würmer aufgetaucht, die kein Attachment mehr benötigen. Bei diesen „bösartigen" Varianten kann eine aktive Internetverbindung oder das Betrachten einer Webseite ausreichend sein, um den Wurm zu aktivieren. Der bekannt gewordene Wurm „Sasser" richtete auf diese Weise 2004 großen Schaden an.

Trojaner
Der Name dieser gefährlichen Schädlinge müsste genau genommen „trojanisches Pferd" heißen und stammt aus der griechischen Sage, bei der Troja durch die Griechen dadurch erobert wurde, dass Soldaten in einem großen Holzpferd versteckt die Stadtmauern passieren konnten, um dann nachts anzugreifen.

Opfer von Cyberkriminalität

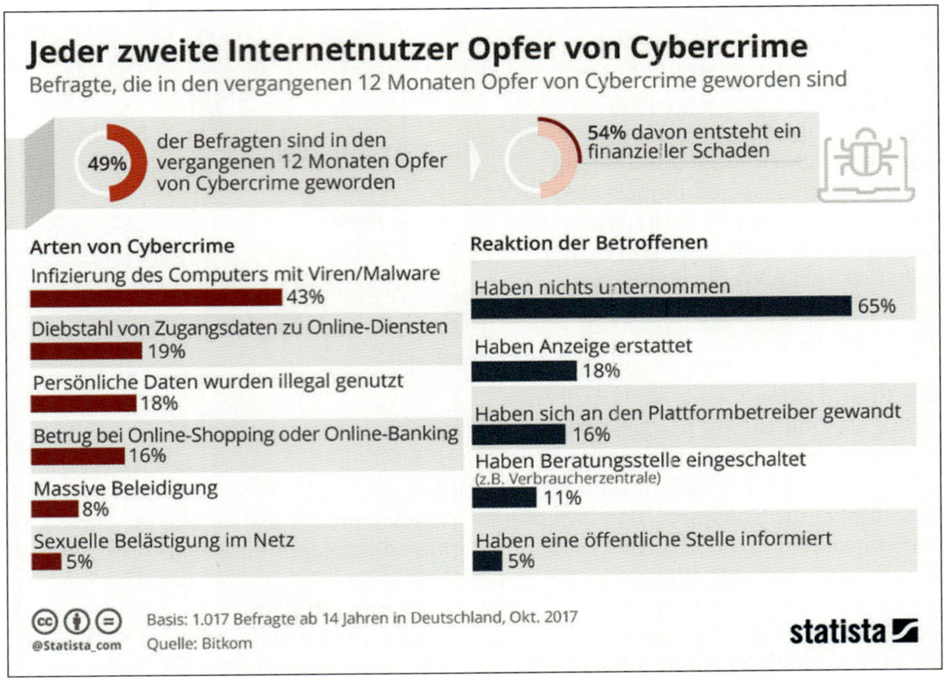

Im übertragenen Sinn ist ein Trojaner ein Programm, das nach außen sichtbar eine nützliche Funktion besitzt, z. B. ein kostenloses Update, während im Hintergrund jedoch seine schädlichen Funktionen gestartet werden.

Gefährlich sind vor allem sogenannte *Backdoor-Programme*, die einen externen Zugriff auf den Rechner gestatten. Mit Hilfe von *Rootkits* versucht die Software, sich vor Antiviren-Software zu verstecken.

Tückisch sind auch *Key-Logger*, die als PC-Wanzen sämtliche Tastatureingaben protokollieren und somit zur Entschlüsselung von Benutzernamen und Passwörtern dienen.

Spy- und Adware

Spyware besitzt eine ähnliche Funktion wie Trojaner, nämlich den befallenen Rechner bzw. das Nutzerverhalten auszuspionieren. Die Zielsetzung ist hierbei nicht, Schaden anzurichten, sondern möglichst viele Informationen über das Nutzerverhalten zu sammeln. Diese Informationen können dann beispielsweise dazu genutzt werden, um personifizierte Werbung einzublenden oder Werbemails zu verschicken. Software, die ausschließlich zur Werbung dient, wird als Adware bezeichnet. Sie ist unschädlich, aber lästig.

Abhilfe gegen Spy- bzw. Adware kann die Installation eines Programms schaffen, das auf das Auffinden derartiger Software spezialisiert ist. Seit Windows Vista wird eine Anti-Spyware bereits mit dem Betriebssystem installiert (Windows Defender).

Hoaxes

Hoax kommt aus dem Englischen und meint Jux oder Scherz. Offensichtlich finden es einige Zeitgenossen lustig, das Internet mit Kettenbriefen, falschen Virenwarnungen oder sonstigem Unfug zu versorgen. Es handelt sich also um digitale Aprilscherze. Hoaxes sind meistens unschädlich, können aber durchaus auch Schaden anrichten, wenn die Meldung User beispielsweise auffordert, bestimmte Systemdateien als vermeintliche Viren zu löschen.

Bots, Botnetze
Der Begriff Bot stammt von Robot, also Roboter. Gemeint sind Programme, die sich eigenständig im Internet bewegen, um Informationen zu sammeln.

Während „gutartige" Bots beispielsweise dazu dienen, neue Webseiten aufzuspüren und in die Datenbanken von Suchmaschinen einzutragen, nisten sich bösartige Varianten auf fremden Computern ein, um zum Beispiel E-Mail-Adressen oder sonstige Benutzerdaten aufzuspüren. Im schlimmsten Fall übernehmen sie die Kontrolle über den Computer, um das Gerät für eigene Zwecke zu missbrauchen. So könnte es sein, dass Sie, ohne es zu wissen, illegale Dateien zum Download anbieten oder Spam-Mails versenden.

Es gibt etliche Möglichkeiten, wie sich Bots verbreiten, z. B. über Trojaner, Würmer oder den Download scheinbar nützlicher Programme. Es kommt noch schlimmer: Bots sind in der Lage, über einen Chat-Kanal miteinander zu kommunizieren und vom Betreiber des Botnetzes Befehle zu empfangen. Dieser hat somit die Möglichkeit, die Kontrolle über sehr viele Computer zu haben und diese für seine Zwecke zu missbrauchen.

Bots und Botnetze stellen ein großes Problem dar, dessen sich der Verband der deutschen Internetwirtschaft (eco) und das Bundesamt für Sicherheit in der Informationstechnik (BSI) angenommen haben: Auf www.botfrei.de finden Sie eine Software, mit der Sie Ihren Computer auf Bots überprüfen und von diesen befreien können.

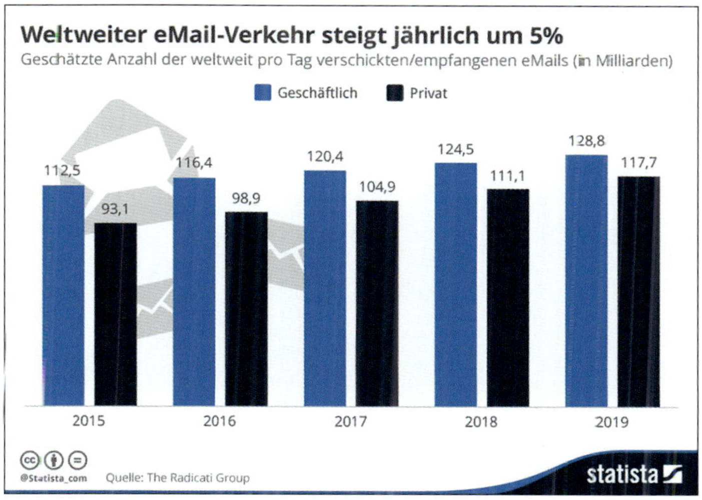

Weltweiter E-Mail-Verkehr

2.6.2 Gefahrenquelle E-Mail

E-Mails sind die mit Abstand größte Gefahr für die Infektion eines Rechners mit einem Virus, Wurm oder Trojaner.

Dateianhänge (Attachments)
Der Grund für die große Gefahr durch E-Mails sind nicht die Textdateien selbst, sondern potenzielle Dateianhänge, da diese Dateien ausführbaren Code enthalten können. Die wichtigste Regel im Umgang mit E-Mails lautet deshalb:

> **Sicherheitsregel 1**
> Öffnen Sie keine Dateianhänge, wenn es sich um ausführbare Dateien handelt, z. B. .exe, .com, .scr, .pif, .php, .js, .dll, .bat oder .vbs.

Da sich Dateiendungen bekannter Dateitypen unter Windows ausblenden

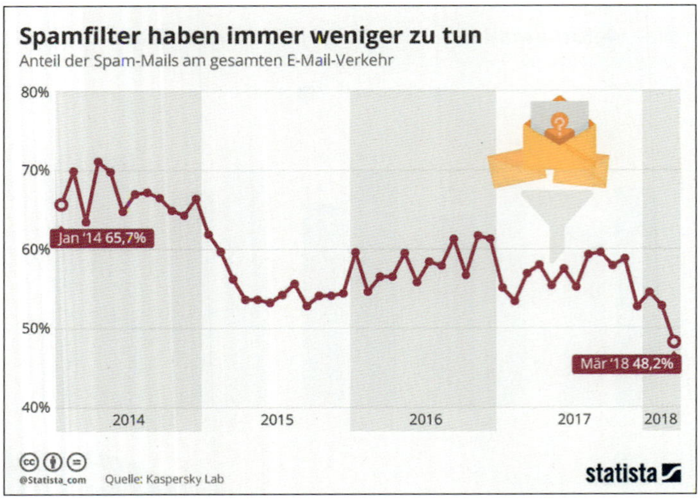

Anteil an Spam-Mails sinkt

lassen, sind die Dateiendungen unter Umständen gar nicht sichtbar.

Ein anderer Trick besteht darin, dass eine Datei eine falsche Dateiendung vorgibt: Hinter der Datei brief.txt.vbs verbirgt sich scheinbar eine Textdatei, tatsächlich aber ein VisualBasic-Script.

Leider kann aus der Absenderadresse der E-Mail längst nicht mehr gefolgert werden, ob die Mail vertrauenswürdig ist oder nicht. Grund ist die bereits erwähnte Verbreitung von Würmern unter Zuhilfenahme des Adressverzeichnisses. Die E-Mail eines Freundes mit einem durchaus plausibel klingenden Betreff kann also eine Falle sein und nach dem Doppelklick auf den Anhang ist es zu spät…

Wichtigste Maßnahme zur Vermeidung von Infektionen ist eine gesunde Skepsis gegenüber allen eingehenden Daten.

Spam-Mails

Fast die Hälfte aller E-Mails sind Spam! Schätzungen zufolge sind immer noch knapp 50 % aller Mails Spam und verursachen damit einen enormen wirtschaftlichen Schaden. Dennoch sind Spam-Mails, wenn es sich um reine Textdateien ohne Dateianhang handelt, zwar lästig, aber ungefährlich.

Die wichtigste Maßnahme gegen Spam ist, zu verhindern, dass Ihre E-Mail-Adresse überhaupt erst in Spamlisten gelangt. Vor allem auf Webseiten, die automatisch nach gültigen E-Mail-Adressen durchsucht werden, sollten Sie Ihre E-Mail-Adresse nicht platzieren. Ist die Angabe einer Kontaktadresse auf einer Website erwünscht oder erforderlich, sollte dies codiert erfolgen, z. B. durch Ersetzen des @-Zeichens (name[at]firma[dot]de) oder indem die Adresse als Grafik gespeichert wird. Sicherer ist es, die Adresse zum Beispiel mit JavaScript zu verschlüsseln.

Phishing-Mails

E-Mails mit dem Ziel, Zugangsdaten zu eBay, Homebanking o. Ä. auszuspionieren, werden als Phishing-Mails bezeichnet. Durch eine plausibel klingende Mail wird der Nutzer dazu veranlasst, einen Textlink anzuklicken, der auf eine vermeintlich seriöse Seite führt. Dort wird er aufgefordert, sich beim jeweiligen Dienst anzumelden – schon sind die Zugangsdaten erfasst. Eine weitere wichtige Regel lautet also:

Sicherheitsregel 2

Seien Sie vorsichtig beim Anklicken von Links in E-Mails, selbst wenn diese scheinbar seriös sind. Im Zweifelsfall lieber nicht anklicken.

Wegwerf-Mail-Adressen

Wer eine E-Mail-Adresse angeben muss, aber hierfür seine Hauptadresse nicht verwenden möchte, kann sich im Internet für kurze Zeit eine „Wegwerf-Mail" reservieren, z. B. bei www.sofort-mail.de. Der Vorteil ist, dass es in diesem Fall egal ist, ob die Adresse in einer Spamliste landet.

2.6.3 Hacker

Hacker sind Menschen mit tiefgehenden Kenntnissen im Bereich der IT. Sie können durch ihre Fähigkeiten z. B. einen Passwortschutz eines Servers im Internet überwinden und so Daten stehlen, löschen oder verändern. Theoretisch kann ein Hacker die Gewalt über jedes technische Gerät erlangen, das einen Internetanschluss besitzt, denn was ein Mensch programmiert hat, dass kann auch ein Mensch überlisten, wenn auch mit einem deutlich erhöhten Aufwand. Hackerangriffe zielen meist auf große Firmen ab, denen die Hacker wertvolle Daten stehen wollen.

Es gibt *gute* und *böse* Hacker, die guten nutzen ihre Kenntnisse, um Sicherheitslücken aufzudecken, und helfen, diese zu schließen. Die schlechten nutzen die Sicherheitslücken, um Schaden anzurichten.

2.6.4 Gefährliche Inhalte

Besonders für Kinder und Jugendliche sind pornografische Inhalte, Gewaltszenen und rassistische Inhalte gefährlich. Dennoch können diese Inhalte im Internet auch von Kindern und Jugendlichen problemlos abgerufen werden. Doch auch für Erwachsene gibt es im Internet viele Informationen, Videos und Fotos, die zumindest eine verstörende Wirkung haben können.

Wie Sie der Grafik rechts oben entnehmen können, sind Jugendliche zwischen 12 und 17 Jahren durchschnittlich etwa 3 Stunden im Internet unterwegs. Zwar wird in vielen Ländern immer mehr unternommen, um Kindern den Zugang zu bestimmten Websites zu verwehren, doch mal ehrlich, welches Kind und welcher Jugendliche wird die Frage „Sind Sie über 18?" korrekt mit „Nein" beantworten? Der beste Schutz ist hier vermutlich ein vertrauensvolles Verhältnis zwischen Eltern und Kindern und die Thematisierung von Gefahren sowie bei uns allen die Kompetenz des Selbstschutzes. Es reicht schließlich, wenn man weiß, dass es im Internet solche Inhalte gibt, man muss sie ja nicht unbedingt selbst auch lesen bzw. anschauen.

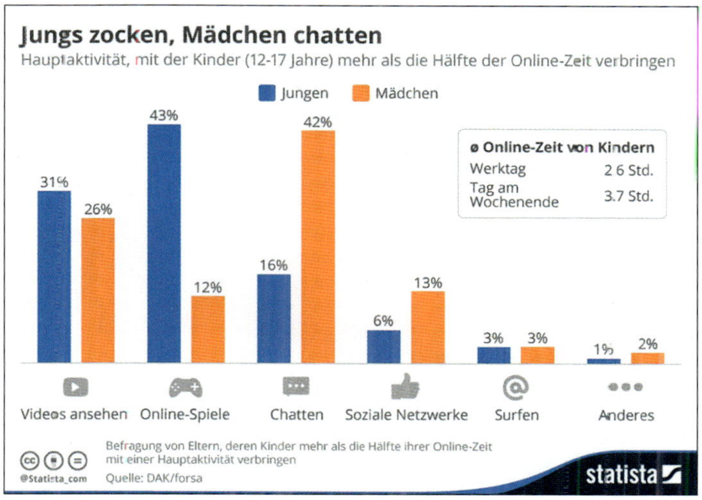

Internetnutzung durch Jugendliche

2.6.5 Internetsucht

Für die meisten Menschen ist das Internet eine große Hilfe, auf die man nur ungern verzichten würde. Leider gibt es immer mehr Menschen, die sich wegen einer Internetsucht in ärztliche Behandlung begeben müssen. Das Internet und die Aktivitäten im Netz haben Suchtpotenzial, weil Menschen dort Glücksgefühle entwickeln und Anerkennung finden können. Ein Alarmzeichen ist sicherlich, wenn das *reale* Leben wegen des Internets vernachlässigt wird.

2.7 Schutz im Internet

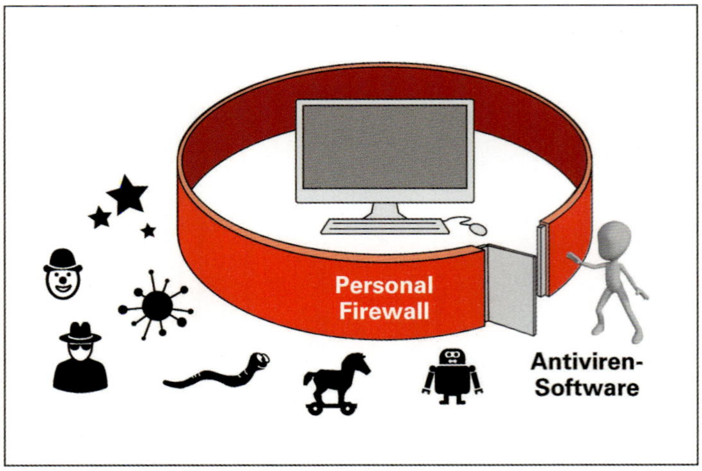

Internet-Schutz durch Firewall und Virenschutz

2.7.1 Antiviren-Software

Die Lehre aus den in den letzten Abschnitten behandelten Gefahren aus dem Internet lautet:

> **Sicherheitsregel 3**
>
> Gehen Sie ohne aktive Antiviren-Software niemals ins Internet. Dies gilt auch für mobile Endgeräte.

In der Tabelle auf der rechten Seite oben sehen Sie hierzu einige Programme aufgelistet für die unterschiedlichen Betriebssysteme – ohne Anspruch auf Vollständigkeit.

Über die Wirksamkeit der Virenscanner informieren Sie sich am besten aus aktuellen Vergleichstests, die in regelmäßigen Abständen von einschlägigen Computerzeitschriften durchgeführt und im Internet veröffentlicht werden.

Bei den *Desktop-Betriebssystemen* richten sich die Angriffe überwiegend gegen Computer mit Windows-Betriebssystemen. Doch inzwischen gibt es auch Schadsoftware, die das Betriebssystem macOS zum Ziel hat. Virenschutz empfiehlt sich also sowohl unter Windows als auch unter macOS. Bei den *Betriebssystemen für mobile Endgeräte* konzentrieren sich die Angriffe bislang hauptsächlich auf Android-Geräte. Die Schadsoftware wird hier häufig über vom Nutzer installierte Apps eingeschleust.

Da Apple eine wesentlich stärkere Kontrolle über seine ausschließlich über den Apple App Store vertriebenen Apps hat, ist hier die Gefahr deutlich geringer. Sie erkennen dies daran, dass es für iOS weniger Antiviren-Software gibt.

Problematisch bei der Verwendung aller Virenscanner ist, dass diese immer nur die ihnen bekannten Viren erkennen und entfernen können. Insofern ist es unerlässlich, dass mindestens einmal täglich ein Download der aktuellsten Virensignaturen erfolgt. Glücklicherweise erledigt dies die Antiviren-Software selbsttätig.

Online-Scanner

Alternativ zum ständigen Update der eigenen Antiviren-Software können Sie gegen Gebühr einen Online-Scanner nutzen. Sämtliche Daten aus dem Internet werden auf einem externen Server überprüft und erst dann auf Ihren Rechner weitergeleitet.

Neben der höheren Aktualität bietet der externe Virencheck den Vorteil, dass eine befallene Datei den eigenen Computer erst gar nicht erreicht und somit nicht aktiv werden kann. Einen absoluten Schutz gibt es allerdings leider auch auf diese Weise nicht.

2.7.2 Personal Firewall

Die Funktion einer Brandschutzmauer (Firewall) besteht darin, das Übergreifen der Flammen auf ein Gebäude zu verhindern. Im übertragenen Sinn soll

Name	frei*)	Windows	macOS	Android	iOS	Webadresse
Free Antivirus	ja	✓	–	–	–	www.avira.de
Avast Free Antivirus	ja	✓	✓	✓	–	www.avast.de
AVG Antivirus free	ja	✓	✓	✓	–	www.avg.com
Bitdefender Antivirus	ja	✓	✓	✓	–	www.bitdefender.de
F-Secure Anti-Virus	nein	✓	✓	✓	✓	www.f-secure.com
Antivirus & Sicherheit Lookout	ja	–	–	✓	–	www.lookout.com
Kasperky Anti-Virus	nein	✓	✓	✓	✓	https://www.kaspersky.de/antivirus
Norton Anti-Virus	nein	✓	✓	✓	✓	https://de.norton.com/antivirus
Sophos Home	ja	✓	✓	✓	✓	https://home.sophos.com/de-de/
TrustGo Antivirus & Mobile Security	ja	–	–	✓	–	www.trustgo.com

*) Zusätzlich gibt es meist kostenpflichtige Versionen mit höherem Funktionsumfang

eine Personal Firewall das Eindringen von Schädlingen in den eigenen Computer verhindern. Sie überprüft die eintreffenden Datenpakete beispielsweise hinsichtlich Quell- und Zieladresse (IP-, Portnummer) und enthält je nachdem auch einen Content-Filter, der die Inhalte z. B. auf schädlichen Code untersucht.

Umgekehrt sollte eine Firewall aber auch die den Rechner verlassenden Daten prüfen können. Der Grund hierfür ist, dass sich bereits schädliche Software im System befinden könnte, die versucht, Informationen nach außen zu liefern. Auf diese Weise kann eine Firewall also auch Spyware oder Trojaner entdecken. Sowohl Windows (Vista, 7, 8, 10) als auch macOS stellen eine eigene Firewall zur Verfügung. Die wichtigste Regel lautet:

Sicherheitsregel 4
Aktivieren Sie die Firewall grundsätzlich, wenn Sie mit dem Computer im Internet sind.

2.7.3 Verhaltensregeln

Als bisherige Maßnahmen zum Schutz vor Angriffen aus dem Internet haben wir kennengelernt:

- Vorsicht beim Umgang mit E-Mails, insbesondere bei Dateianhängen
- Installation und Aktivierung eines Antiviren-Programms
- Aktivierung einer Firewall

Die Sicherheit Ihres Computers können Sie weiter steigern, wenn Sie zusätzlich folgende Maßnahmen treffen:

Benutzerkontensteuerung

Alle heutigen Betriebssysteme unterscheiden zwischen Benutzern, die eingeschränkte Rechte besitzen, und Administratoren, die den vollen Zugriff auf den Computer haben.

Als Administrator haben Sie z. B. Zugriff auf den Programme-Ordner und dürfen Software installieren oder löschen. Sind Sie als Administrator im Internet, kann eine Malware also ebenso mit vollem Zugriffsrecht auf

Antiviren-Software

Die Tabelle zeigt Beispiele für Antiviren-Programme für die Betriebssysteme Windows, macOS, Android und iOS.

Ihren Computer einwirken. Aus diesem Grund lautet eine weitere Sicherheitsmaßnahme:

Sicherheitsregel 5
Arbeiten Sie ohne Administratorrechte an Ihrem Computer, erst recht, wenn Sie im Internet sind.

Verwenden Sie deshalb für die alltägliche Arbeit einen Benutzer mit eingeschränkten Rechten. Im Falle, dass, z. B. zur Installation einer Software, Administratorrechte erforderlich sind, erscheint eine entsprechende Meldung (siehe Screenshot unten). Sie können als Nutzer dann selbst entscheiden, ob Sie den Zugriff zulassen wollen oder nicht.

Automatische Updates

Es ist ein ständiger Wettlauf: Angreifer suchen nach einer Lücke, um ins Betriebssystem einzudringen und dieses für eigene Zwecke zu missbrauchen. Wird die Lücke bekannt, bemüht sich der Betriebssystemhersteller, sie so schnell wie möglich zu schließen. Zu diesem Zweck stellt er sogenannte Patches bereit. Die Installation erfolgt automatisch, wenn Sie dies als Nutzer zulassen. Aus verständlichen Gründen gilt:

Sicherheitsregel 6
Lassen Sie automatische Updates zu, da hierdurch Sicherheitslücken geschlossen werden!

Benutzerkontensteuerung

Die Arbeit am Computer sollte stets mit eingeschränkten Benutzerrechten erfolgen. Nur für den Eingriff ins Betriebssystem sind Administratorrechte erforderlich.

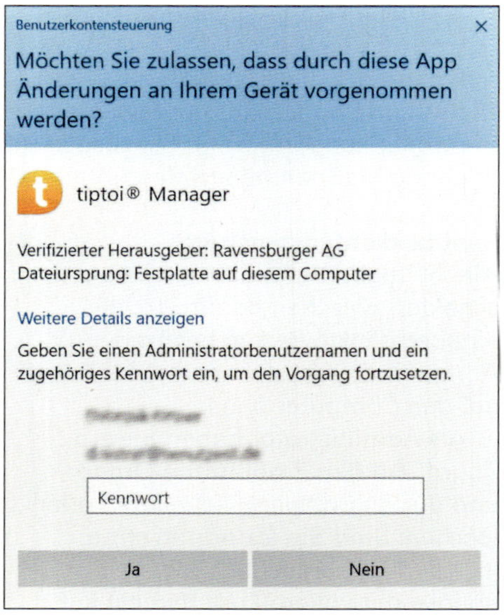

Sichere Passwörter

Eine gängige Methode, um Passwörter auszuspähen, ist die sogenannte *Brute-Force-Attacke*: Bei dieser sehr einfachen Methode werden einfach alle Möglichkeiten ausprobiert – für einen Computer kein Problem, nur eine Frage der Zeit.

Nehmen wir an, dass Sie ein Passwort verwenden, das aus 6 Kleinbuchstaben besteht. Es ergeben sich 26 (Buchstaben) hoch 6 (Stellen) gleich 308.915.776 Möglichkeiten. Klingt nach viel? Wenn ein Computer aber 500 Mio. Möglichkeiten pro Sekunde testet, dann ist das Passwort nach 0,6 Sekunden geknackt!

Verwenden Sie außerdem nicht nur Kleinbuchstaben, sondern auch Großbuchstaben und Ziffern, so ergeben sich 26 + 26 + 10 = 62 Zeichen und bei 6 Stellen bereits $62^6 = 5{,}68 \times 10^{10}$ Möglichkeiten. Obiger Computer braucht hierfür 113,6 Sekunden.

Erhöhen Sie die Stellenzahl von 6 auf 10 Stellen, dann ergeben sich $62^{10} = 8{,}4 \times 10^{17}$ Möglichkeiten. Um dieses Passwort zu knacken, bräuchte obiger Computer bereits 53,2 Jahre!

Um sich ein Passwort merken zu können, werden häufig existierende Begriffe wie z. B. Namen verwendet. Eine „intelligente" Brute-Force-Attacke wird also zunächst nach lexikalischen Begriffen suchen. Der Umkehrschluss lautet, dass ein Passwort möglichst keinen Sinn ergeben darf. Wie merkt man sich aber ein derartiges Passwort?

Ein einfacher Trick ist, dass Sie hierzu einen Merksatz verwenden, dessen Anfangsbuchstaben das Passwort ergeben, z. B.: Ib91gm2GhSuJ (*„Ich bin 91 geboren, meine 2 Geschwister heißen Sandra und Jan.“).*

Um dieses Passwort zu knacken, bräuchte obiger Computer 204.608 Jahre, so dass Sie beruhigt schlafen können …

Sicherheitsregel 7

Wählen Sie möglichst lange Passwörter, die aus einer (scheinbar) willkürlichen Folge aus Ziffern, Klein- und Großbuchstaben bestehen.

Sicherheitseinstellung des Browsers

Da die Angriffe auf Ihren Computer über das Internet erfolgen, kommt dem Webbrowser als „Einfallstor“ eine zentrale Bedeutung zu. Immer wieder sind es Sicherheitslücken des Browsers, die zu Schädigungen führen. Andererseits sind es wir Nutzer, die aus Sorglosigkeit oder Bequemlichkeit diese Tür weit öffnen. Sie sollten darauf achten, dass Sie immer die aktuelle Browserversion verwenden, aktivieren Sie hierzu automatische Updates. Passwörter im Browser zu speichern ist sehr bequem, sie über die Cloud zu synchronisieren, d. h. sie zur Nutzung auf verschiedenen Endgeräten bereitzustellen auch, aber was ist, wenn der Browser eine Sicherheitslücke enthält?

Sicherheitsregel 8

- Aktivieren Sie in Ihren Browsern die Funktion der automatischen Updates.
- Speichern Sie keine Passwörter im Browser, auch wenn es bequem erscheint.

Zu guter Letzt

Jeder von uns weiß, dass im Internet viele illegale oder halblegale Angebote zu finden sind, die *scheinbar* kostenlos sind. Oft versuchen die Betreiber dieser Seiten durch die Verbreitung von Schadsoftware, entweder Informationen zu sammeln oder dem Nutzer Geld aus der Tasche zu ziehen, daher:

Sicherheitsregel 9

Surfen Sie mit gesundem Menschenverstand. Wer sich auf halblegalen oder illegalen Seiten tummelt, braucht sich über Schadsoftware nicht zu wundern.

Löschen Sie lieber eine E-Mail zu viel, wenn es wichtig war, dann wird der Absender es erneut versuchen, und:

Sicherheitsregel 10

Klicken Sie nichts an, wenn Sie sich nicht sicher sind, dass die Quelle vertrauenswürdig ist.

Spam-Mail

Überprüfen Sie, bevor Sie auf einen Link **A** klicken, das Ziel des Links **B**, dieser wird meist in der Fußzeile des Programms angezeigt, wenn Sie sich mit dem Cursor über dem Link befinden. Leider ist dies nur beim Surfen mit Maus, Stift oder Touch- bzw. Trackpad möglich.

2.8 Internetrecht

In diesem Abschnitt erfahren Sie das Wichtigste zum Internetrecht aus Sicht des Nutzers. Wenn Sie mehr dazu wissen möchten, lesen Sie den Band „Medienrecht“ aus der *Bibliothek der Mediengestaltung*.

Die Nutzung von Inhalten im Internet lässt sich aus rechtlicher Sicht in drei Bereiche unterteilen:

- Sie betrachten die Inhalte im Browser.
- Sie speichern diese Inhalte zusätzlich z. B. auf Ihrer Festplatte.
- Sie stellen aktiv Inhalte ins Netz.

Grundsätzlich gilt, dass fast alle Inhalte, also Texte, Bilder, Musik und Videos, urheberrechtlichen Schutz genießen. § 11 des Urhebergesetzes (UrhG) lautet entsprechend: *„Das Urheberrecht schützt den Urheber in seinen geistigen und persönlichen Beziehungen zum Werk und in der Nutzung des Werkes. Es dient zugleich der Sicherung einer angemessenen Vergütung für die Nutzung des Werkes.“*

2.8.1 Inhalte anschauen

Beim Lesen von Texten, dem Betrachten von Bildern, Hören von Musik oder Anschauen von Videos müssen Sie eigentlich nicht viel berücksichtigen, da Sie hier vor Strafverfolgung einigermaßen sicher sind, lediglich wenige Dinge sind zu beachten, wie z. B.:

- Abspielen von Musik mit gewerblicher Nutzung (z. B. in einem Friseursalon): Hierbei müssen Sie bei der Verwertungsgesellschaft GEMA Gebühren entrichten, da Sie ja mit der Musik eine Wohlfühlatmosphäre schaffen, die Ihnen zu mehr Umsatz verhilft.
- Nutzung von Informationen aus *offensichtlich illegalen* Quellen: Wenn Sie z. B. einen aktuellen Kinofilm im Internet auf einer russischen Website kostenlos anschauen können, dann sollte Ihnen der gesunde Menschenverstand sagen, dass dies vermutlich keine *rechtmäßige Nutzung* darstellt, wodurch § 44a UrhG nicht greift, der ansonsten beispielsweise das Streamen von *legalen* Inhalten ermöglicht.
- Anschauen von Bildern oder Videos, auf denen Personen zu sehen sind, für die Folgendes gilt: Der *höchstpersönliche Lebensbereich* der Person wurde nach § 201a StGB durch die Aufnahme verletzt. Das ist der Fall, wenn die Person z. B. nackt ist und gegen ihren Willen in einem besonders geschützten Bereich (z. B. in einer Umkleidekabine) fotografiert oder gefilmt wurde oder die Person in einer Situation der Hilflosigkeit (z. B. in betrunkenem Zustand oder bei einem Unfall) gefilmt oder fotografiert wurde.

Videos bei YouTube

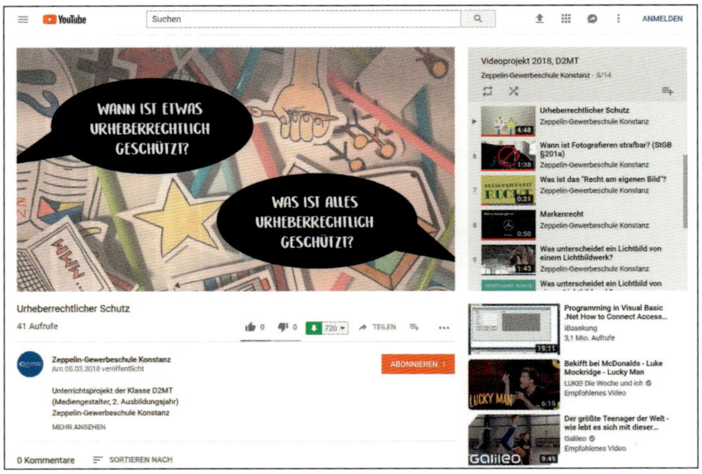

2.8.2 Inhalte herunterladen

Beim Herunterladen von Inhalten gelten deutlich strengere Regeln, da hier im Sinne des Urhebergesetzes eine Kopie des Inhalts angefertigt wird.

Icon	Kürzel	Name	Erklärung
	BY	Namensnennung	Der Name des Urhebers muss genannt werden.
	NC	Nicht kommerziell (non-commercial)	Das Werk darf nicht für kommerzielle Zwecke verwendet werden.
	ND	Keine Bearbeitung (no derivatives)	Das Werk darf nicht verändert werden.
	SA	Weitergabe unter gleichen Bedingungen (share alike)	Das Werk darf nur unter der gleichen Lizenz weitergegeben werden.

Creative Commons
Rechtemodule mit Erläuterungen

Während das Anschauen, z. B. eines Videos, meist legal ist (siehe letzter Abschnitt), dürfen davon jedoch keine Kopien gemacht werden, es sei denn, der Urheber der Inhalte verzichtet explizit auf seine Rechte, z. B. über *Creative Commons* (siehe Tabelle oben auf dieser Seite).

Wenn bereits der Download von urheberrechtlich geschützten Inhalten verboten ist, so dürfte jedem klar sein, dass das Bereitstellen von solchen Inhalten im Internet deutlich problematischer ist. Inhalte, die von Ihnen ins Netz gestellt werden, können von anderen auch gefunden werden, d. h., nicht nur die Entdeckung einer Urheberrechtsverletzung ist deutlich größer als bei einem einfachen Download, sondern auch der Schaden, der dadurch entsteht, und damit die eventuelle Schadensersatzforderung. Mehr dazu erfahren Sie im folgenden Abschnitt „Inhalte hochladen".

2.8.3 Inhalte hochladen

Dass das Internet *öffentlich* ist, dürfte den meisten Nutzern bewusst sein, damit gilt fast jede Information oder Datei, die Sie ins Internet neu einstellen, als eine *Veröffentlichung*, bei der Sie einige Dinge beachten müssen:

- Eine Veröffentlichung liegt nur dann *nicht* vor, wenn es sich um Inhalte handelt, auf die nur Sie oder z. B. Ihre Familie Zugriff haben. Wenn Sie also z. B. Familienbilder über einen Dropbox-Link mit Ihren Verwandten teilen. Bei Informationen, die Sie z. B. in Facebook posten, handelt es sich hingegen rechtlich bereits um eine *Veröffentlichung*.
- „Das Internet vergisst nie!" Auch wenn es inzwischen einen Rechtsanspruch auf Datenlöschung gibt, wirklich garantieren kann Ihnen niemand, dass sich Informationen, die Sie ins Internet stellen, jemals wieder vollständig entfernen lassen!

Bei Beachtung der Symbole in der Tabelle oben ist die Veröffentlichung von *Creative-Commons*-Inhalten rechtlich zulässig.

Texte
Wenn Sie eigene Texte im Internet einstellen, dann vermeiden Sie bitte Äußerungen, die gegen die *öffentliche Ordnung* oder gegen die *guten Sitten* verstoßen. Beachten Sie außerdem, dass die Nennung von Personennamen deren Persönlichkeitsrechte verletzen kann und auch einen Verstoß nach der DSGVO (Datenschutz-Grundverordnung) darstellen kann.

Bilder und Videos
Wenn Sie eigene Fotos, Grafiken oder Videos im Internet hochladen, dann müssen Sie sich zunächst vergewissern, dass diesem Upload keine Rechte entgegenstehen, die über das Urheberrecht des Fotografen hinaus gehen:

- *Persönlichkeitsrechte*: Personen, die erkennbar auf einer Abbildung zu sehen sind, haben ein *Recht am*

Fotobeispiel

eigenen Bild, Ausnahmen regelt das KunstUrhG (Gesetz betreffend das Urheberrecht an Werken der bildenden Künste und der Photographie).

- *Rechte an Gegenständen*: Designer von Produkten und Urheber von Kunstwerken können über das UrhG, das DesignG (Gesetz über den rechtlichen Schutz von Design) und das KunstUrhG Rechte an einem Bild besitzen, die einer Veröffentlichung entgegenstehen.

Bei dem Foto oben steht das Gebäude mit der Kneipe „Zur scharfen Ecke" im Bildfokus. Obwohl Personen erkennbar abgebildet wurden und auch ein Produkt (Mercedes) sowie Markenlogos (Astra) erkennbar sind, werden diese hier als Beiwerk eingestuft, die Veröffentlichung ist also rechtlich möglich, unter Beachtung des Urheberrechts des Fotografen.

2.8.4 Nutzerrechte

Auskunftsrecht

Art. 15 DSGVO regelt das *Auskunftsrecht der betroffenen Person*. Darin ist festgelegt, dass die betroffenen Personen das Recht haben, von Verantwortlichen eine Bestätigung darüber zu verlangen, ob diese personenbezogene Daten über die Person verarbeiten. Wenn dies der Fall ist, dann haben die betroffenen Personen ein Recht darauf, Auskunft über diese Daten zu bekommen und zu erfahren, was mit diesen Daten im Unternehmen gemacht wird. Das Auskunftsrecht berechtigt also folgende drei Fragestellungen:

- Haben Sie Daten über mich gespeichert?
- Welche Daten sind dies?
- Was tun Sie mit meinen Daten?

So ist z. B. das Verschicken von Newslettern nach Inkrafttreten der DSGVO nur noch zulässig, wenn der Versender nachweisen kann, dass der Empfänger der Zusendung zugestimmt hat.

Recht auf Vergessenwerden

Art. 17 DSGVO regelt das *Recht auf Löschung* („Recht auf Vergessenwerden").

Nutzer haben demnach das Recht, dass personenbezogene Daten (Daten, die einer Person eindeutig zugeordnet werden können, z. B. Alter, Wohnort oder Familienstand) gelöscht werden. Es muss jedoch eine der folgenden Bedingungen erfüllt sein (bitte beachten Sie für den genauen Wortlaut den Gesetzestext):

- Die Daten sind für die Zwecke, für die sie erhoben wurden, nicht mehr notwendig (dies kann (muss aber nicht) z. B. bei alten Presseartikeln zutreffen).
- Die betroffene Person widerruft ihre Einwilligung, auf die sich die Verarbeitung stützt (ggf. mit Entschädigungszahlung, falls z. B. ein Model Fotos von sich löschen lassen will).
- Die betroffene Person legt gemäß Artikel 21 Widerspruch gegen die Verarbeitung ein. In diesem Fall entscheidet eine Interessenabwägung,

ob die Interessen der Person oder des Unternehmens vorrangig einzustufen sind.
- Die Daten wurden unrechtmäßig verarbeitet.

2014 beschäftigte sich der BGH (Bundesgerichtshof) mit diesem Thema, konkret ging es um Autocomplete-Begriffe bei Google. Das Gericht entschied, dass Google Autocomplete-Begriffe löschen muss, wenn es sich dabei z. B. um rufschädigende Begriffe handelt. So kam es auch in dem Fall einer bekannten deutschen Frau zu einer außergerichtlichen Einigung und der Löschung von Begriffen durch Google. Eine Zeit lang erschienen nach Eingabe des Namens der Person die Autocomplete-Begriffe „Rotlicht" bzw. „Prostituierte".

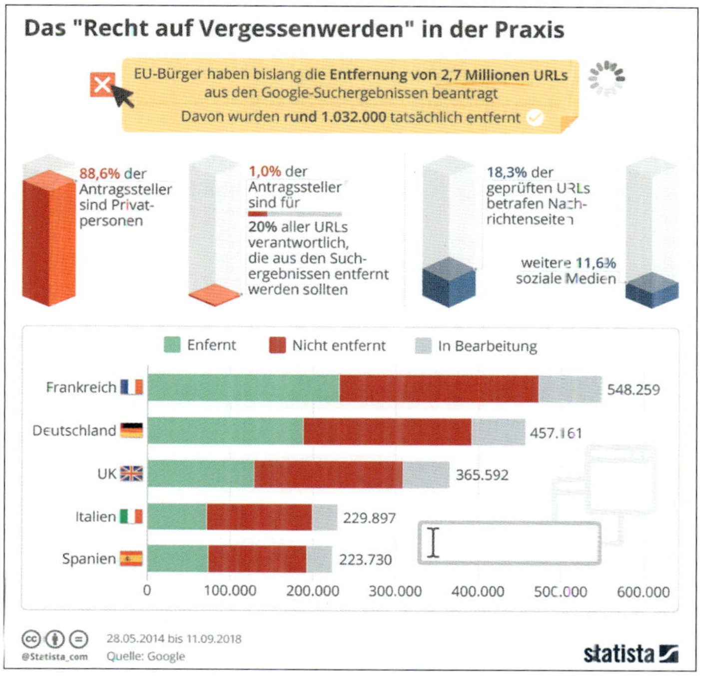

Recht auf Vergessenwerden

2.8.5 Digitales Erbe

Je mehr Informationen sich von uns im Internet anhäufen, desto wichtiger wird die Frage, was mit diesen Informationen nach unserem Tod geschieht. Was passiert mit dem Bitcoin-Vermögen eines Verstorbenen? Können im Falle von Selbstmord Informationen aus den sozialen Medien den Angehörigen helfen, die Tat zu verstehen?

Im Sommer 2018 hat der BGH entschieden, dass auch für das digitale Erbe uneingeschränkt § 1922, Absatz 1 BGB gilt: *„Mit dem Tode einer Person (Erbfall) geht deren Vermögen (Erbschaft) als Ganzes auf eine oder mehrere andere Personen (Erben) über."*

2.8.6 Heimnetzwerk

Der WLAN-Betreiber kann für illegale Aktivitäten eines Nutzers nicht haftbar gemacht werden, so lautet ein Urteil des BGH 2018, dennoch ist gemäß einem Urteil des BGH von 2017 der Betreiber verpflichtet, den Urheberrechtsverletzer zu nennen, wenn er diesen kennt (auch wenn es die eigenen Kinder sind).

Digitales Erbe

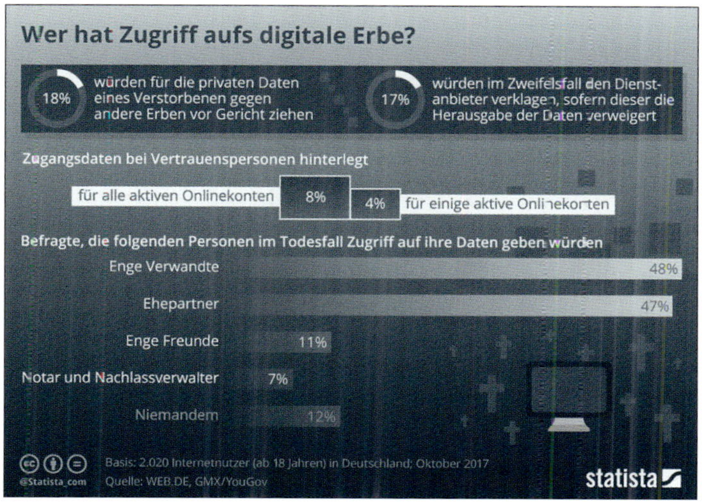

2.9 Aufgaben

1 Mediennutzung kennen

Kreuzen Sie die richtige Antwort an. (Alle Fragen beziehen sich auf Daten aus dem Jahr 2017.)

a. Wie viel Prozent der Altersgruppe ab 14 Jahre nutzen das Internet?
- ☐ 60 %
- ☐ 70 %
- ☐ 80 %
- ☐ 90 %
- ☐ alle

b. Wie viel Prozent der Altersgruppe 14–29 Jahre nutzen das Internet?
- ☐ 80 %
- ☐ 85 %
- ☐ 90 %
- ☐ 95 %
- ☐ alle

c. Wie viel Prozent der Altersgruppe ab 60 Jahre nutzen das Internet?
- ☐ 25 %
- ☐ 50 %
- ☐ 75 %
- ☐ alle

d. Wie lange nutzt die Altersgruppe ab 14 Jahre täglich das Internet?
- ☐ 1,5 Stunden
- ☐ 3 Stunden
- ☐ 6 Stunden
- ☐ 9 Stunden
- ☐ 12 Stunden

e. Wie lange nutzt die Altersgruppe 14–29 Jahre täglich das Internet?
- ☐ 1,5 Stunden
- ☐ 3 Stunden
- ☐ 6 Stunden
- ☐ 9 Stunden

f. Wie viel Prozent der Internetnutzer geht (u. a.) mit dem Smartphone ins Netz?
- ☐ 75 %
- ☐ 85 %
- ☐ 95 %
- ☐ alle

2 Web 2.0 kennen

a. Definieren Sie „Web 2.0" in einem Satz.

b. Nennen Sie fünf typische Web-2.0-Anwendungen.

1.
2.
3.
4.
5.

3 Web 3.0 kennen

a. Erklären Sie den Begriff „Semantic Web".

b. Nennen Sie drei Beispiele für Suchbegriffe, mit denen eine nicht semantische Suchmaschine Schwierigkeiten hat.

1.
2.
3.

4 Web 4.0 kennen

a. Erklären Sie den Begriff „Smart Web".

b. Erklären Sie, was man unter einem „Smart Assistant" versteht.

c. Erklären Sie, was man unter „Augmented Reality" versteht.

d. Erklären Sie, was man unter dem „Internet der Dinge" versteht.

e. Erklären Sie, was man unter „Server-Virtualisierung" versteht.

5 Cloud Computing kennen

a. Nennen Sie die drei Ebenen des Cloud Computing.

1.

2.

3.

b. Nennen Sie zwei Vorteile des Cloud Computing.

1.

2.

c. Nennen Sie zwei Nachteile des Cloud Computing.

1.

2.

3.

6 Cloud-Speicherung kennen

a. Beschreiben Sie, wie die Ablage von Daten in einem Cloud-Speicher funktioniert.

b. Nennen und beschreiben Sie zwei Nachteile der Speicherung von Informationen in der Cloud.

1.

2.

7 Cloud-Speicherung kennen

Nennen Sie drei sinnvolle Vorsichtsmaßnahmen bei der Nutzung eines Cloud-Speichers.

1.

2.

8 SaaS kennen

a. Wofür steht die Abkürzung SaaS?

b. Nennen und erklären Sie eine Dienstleistung im Bereich SaaS.

c. Nennen einen Nachteil von SaaS.

9 Kryptowährungen kennen

Erklären Sie, worum es sich bei Kryptowährungen handelt.

10 Deep Web und Darknet kennen

Unterscheiden Sie die Begriffe „Surface-Web", „Deep Web" und „Darknet".

Surface-Web:

Deep Web:

Darknet:

11 Deep Web und Darknet kennen

Kreuzen Sie die richtige Antwort an.

a. Wie viel Prozent des gesamten Internets wird Schätzungen zurfolge als „Surface-Web" bezeichnet?
- ☐ 4 %
- ☐ 6 %
- ☐ 8 %
- ☐ 12 %
- ☐ 25 %

b. Wie viel Prozent des gesamten Internets wird Schätzungen zurfolge als „Deep Web" bezeichnet?
- ☐ 50 %
- ☐ 60 %
- ☐ 70 %
- ☐ 80 %
- ☐ 90 %

c. Wie viel Prozent des gesamten Internets wird Schätzungen zurfolge als „Darknet" bezeichnet?
- ☐ 4 %
- ☐ 6 %
- ☐ 8 %
- ☐ 12 %
- ☐ 25 %

12 Schädlingsarten kennen

Unterscheiden Sie folgende Malware:

a. Virus

b. Wurm

c. Trojaner

d. Spyware

13 Maßnahmen gegen Angriffe aus dem Internet treffen

Zählen Sie mindestens fünf Maßnahmen auf, die Sie zum Schutz vor Angriffen aus dem Internet treffen sollten.

1.

2.

3.

4.

5.

14 Sichere Passwörter kennen

Nennen Sie drei Regeln, zur Wahl eines *guten* Passwortes.

1.

2.

3.

15 Inhaltsnutzung unterscheiden

Was ist der rechtliche Unterschied zwischen dem Anschauen von Inhalten und dem Herunterladen?

16 Urheberrecht kennen

Was versteht man unter einem urheberrechtlichen Schutz?

17 Nutzung von Inhalten kennen

Nennen Sie zwei Beispiele für Inhalte, bei denen bereits die Nutzung verboten sein kann.

1.

2.

18 Persönlichkeitsrechte kennen

Nennen Sie zwei Beispiele für Persönlichkeitsrechte.

1.

2.

19 Auskunftsrecht kennen

Nennen Sie drei Fragestellungen, zu denen das Auskunftsrecht nach Art. 15 DSGVO Internetnutzer berechtigt.

1.

2.

3.

20 Recht auf Vergessenwerden kennen

Erklären Sie, was man unter dem Recht auf Vergessenwerden nach Art. 15 DSGVO versteht.

21 Digitales Erbe kennen

Erklären Sie die Rechtslage zum „digitalen Erbe".

22 Rechtslage zu WLAN kennen

Nennen Sie zwei Dinge, die wichtig sind, wenn man ein privates WLAN betreibt.

1.

2.

23 Creative Commons kennen

Erklären Sie die in der Tabelle dargestellten Piktogramme:

Icon	Erklärung

3.1 Einführung

Social Media ist Kommunikation, und zwar öffentlich geführte Kommunikation und doch nicht jedem ohne Weiteres zugänglich. Social-Media-Inhalte sind User Generated Content (UGC), also Inhalte, die nicht von einem Website-Betreiber oder von Unternehmen, sondern von den Nutzern selbst erstellt werden. Wir müssen Mitglied einer Community bzw. einer Social-Media-Plattform sein, um als Nutzer aktiv sein zu können.

Bei *Facebook* sind wir *Freunde*, bei *Instagram* und *Twitter* sind wir *Follower*. Wir *abonnieren* einen *YouTube*-Kanal, wir *bloggen* in *Blogs* und auf *Pinterest pinnen* wir. Menschen treffen wir auf verschiedenen Social-Media-Plattformen, tauschen uns über Privates aus, sagen unsere Meinung, schildern unsere Erfahrungen, üben Kritik oder geben Empfehlungen. Die Art der Kommunikation ist direkt, oft kritisch oder auch polemisch.

Der wesentliche Unterschied zu den traditionellen Medien ist die Interaktivität von Social Media. Die digitalen Medien ermöglichen den unmittelbaren Austausch von Informationen und die gemeinsame interaktive Erstellung und Verteilung von Inhalten durch die Nutzer. Dieser User Generated Content umfasst z. B. Kommentare in Blogs, eigene Fotos oder Videos auf Flickr oder YouTube bis hin zu eigenen Artikeln auf Wikipedia.

Social Media verändert die externe und die interne Unternehmenskommunikation grundlegend. Im Internet diskutieren die Nutzer in den sozialen Netzwerken, in Foren und Blogs über Firmen, Produkte und technologische Entwicklungen. Unternehmen können diese Kommunikationskanäle nutzen, um Trends und Entwicklungen am Markt früh zu erkennen, auf Kritik direkt zu reagieren und eigene Themen und Inhalte einzubringen.

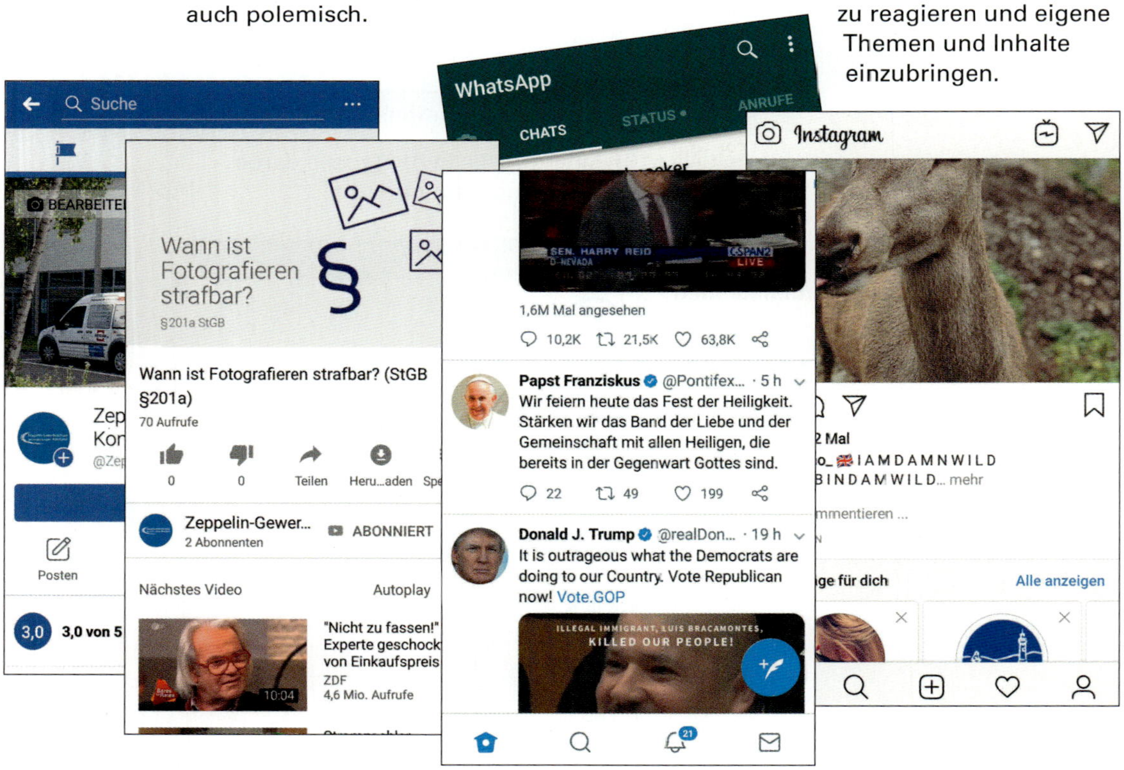

P. Bühler et al., *Internet*, Bibliothek der Mediengestaltung,
https://doi.org/10.1007/978-3-662-55393-0_3

3.2 Social-Media-Kanäle

Social Media ist mehr als Facebook und Twitter. Die nebenstehende Grafik zeigt Ihnen, welche sozialen Netzwerke aktuell am wichtigsten sind. Zu Social Media gehören aber auch z. B. Blogs, Foto- und Videoportale oder Wikis.

Die Inhalte und Zielsetzungen von Internetseiten ergänzen sich durch die Verlinkung mit den verschiedenen Social-Media-Kanälen und -Plattformen zu einer Social-Media-Präsenz. Dies bedeutet nicht, dass Sie in allen Kanälen und auf allen Plattformen präsent sein müssen. Sie müssen aber die Entwicklung der wichtigsten beobachten.

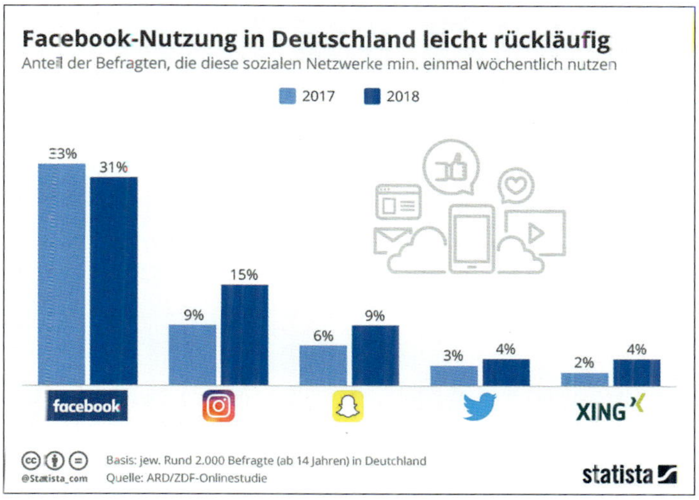

Nutzung von sozialen Netzwerken

3.2.1 Soziale Netzwerke

Bei den sozialen Netzwerken hat *Facebook* die mit weitem Abstand meisten Nutzer. An zweiter Stelle steht *Instagram* mit stark wachsender Nutzerzahl, auch Snapchat hat kräftig zugelegt. Twitter verzeichnet etwas mehr Nutzer, genauso wie XING. *XING* ist ein Business-Netzwerk mit dem Schwerpunkt, sich beruflich und geschäftlich zu vernetzen. Wie die Entwicklung in den nächsten Jahren weitergehen wird, ist schwer vorherzusagen. Manche sozialen Netzwerke mit einst großer Bedeutung haben heute nur noch marginale Bedeutung. Vielleicht erinnern Sie sich ja noch an *StudiVZ*, das 2013 mangels Nutzung eingestellt wurde.

3.2.2 Blogs

Ein Blog ist ein chronologisches Tagebuch oder Magazin im Internet. Die Beiträge eines Blogs werden von dem oder den Betreibern eines Blogs, den Bloggern, publiziert. Die Nutzer des Blogs können die einzelnen Beiträge bewerten und kommentieren. In einem Corporate-Blog sind dies oft Mitarbeiter eines Unternehmens. Ein Beispiel eines Unternehmens-Blogs ist das *Daimler-Blog* unter blog.daimler.de.

Die Bezeichnung Blog oder Weblog ist eine Kombination der Wörter *web* und *log book* (dt.: Protokollbuch). Sie können Ihr Blog auf einer der großen Blog-Plattformen wie *Tumblr*, www.tumblr.com, oder Wordpress, www.de.wordpress.com, betreiben. *Wordpress* bietet auch die Möglichkeit, die Blog-Software auf einem eigenen Webserver bzw. Webspace zu installieren und unter einer eigenen Domain eigenständig zu publizieren. Google bietet mit *Blogger*, www.blogger.com, ebenfalls eine Blog-Plattform an.

3.2.3 Microblogs

Microblogs sind Blogs mit sehr kurzen Posts. Die bekannteste Microblogging-Plattform ist *Twitter*, twitter.com.

Eine Textnachricht, ein *Tweet*, darf bei Twitter maximal 280 Zeichen (bis 2017 nur 140 Zeichen) haben. Sie wird in Echtzeit veröffentlicht und von allen Followern direkt empfangen.

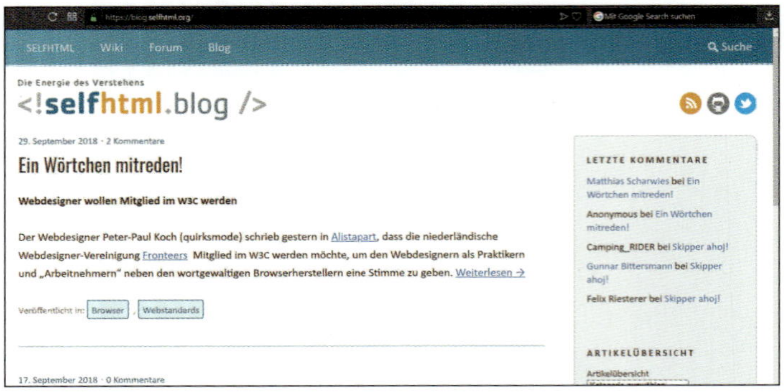

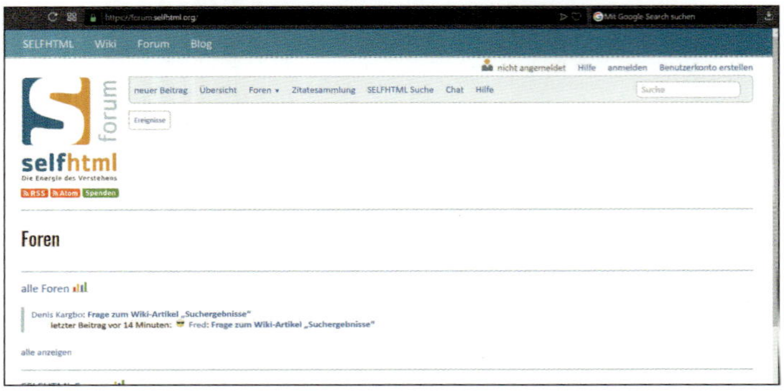

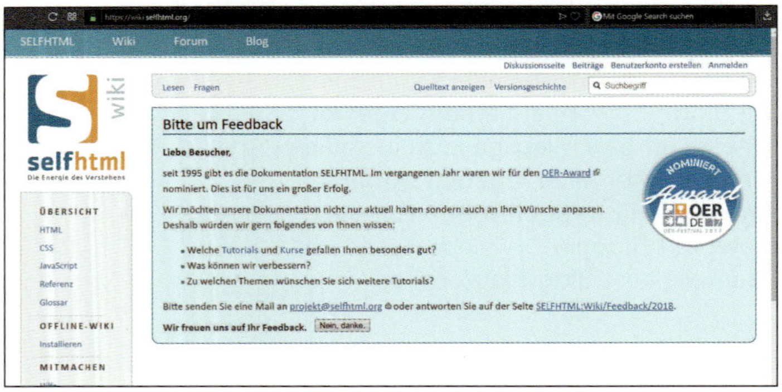

selfhtml

- Blog: blog.selfhtml.org
- Forum: forum.selfhtml.org
- Wiki: wiki.selfhtml.org

3.2.4 Foren

Ein Forum oder Webforum ist ein Diskussionsforum auf einer Website. Die Forenteilnehmer stellen ihre Beiträge unabhängig voneinander ins Forum ein. Durch die zeitliche Abfolge und die Beziehung zwischen den Beiträgen entsteht eine hierarchische Baumstruktur. In den meisten Foren wird zwischen unterschiedlichen Nutzerrollen unterschieden, einfacher Nutzer, Moderator und Administrator. Letztere haben als Aufgaben die administrative Organisation und die Steuerung der Diskussion.

Um ein eigenes Forum zu betreiben, installieren Sie eine Forensoftware auf Ihrem Webserver bzw. Webspace. Die kostenlose deutschsprachige Forensoftware *phpBB* können Sie unter www.phpbb.de herunterladen.

3.2.5 Foto- und Videoportale

Fotos und Videos können Sie in anderen sozialen Netzwerken wie z. B. Facebook oder einem Blog natürlich auch einbinden. Dort sind die Medien Teil der vielfältigen Social-Media-Präsenz. In Foto- und Videoportalen steht dagegen allein das Bild oder Video im Mittelpunkt.

Sie können auf diesen Portalen Ihre Medien archivieren und mit anderen Nutzern teilen. Dazu weisen Sie den hochgeladenen Medien verschiedene Rechteebenen zu. Die öffentliche Ebene ermöglicht es allen Nutzern, auf die Medien zuzugreifen. Die Zuordnung zu einzelnen von Ihnen definierten Nutzergruppen schränkt den Medienzugriff ein. Mit der obersten Rechteebene Privat ist nur Ihnen persönlich der Zugriff auf die im Portal gespeicherten Medien erlaubt. In den meisten Foto- und Videoportalen können Sie Ihren Medien außerdem Lizenzen zuweisen.

Instagram, instagram.com, von Facebook konzentriert sich auf die mobile Nutzung von Bildern und Videos. Die Instagram-App ist besonders bei Jugendlichen sehr beliebt (siehe Grafik auf der rechten Seite oben). Die mit

Instagram gemachten Fotos haben als Besonderheit die an Polaroidbilder erinnernde quadratische Form.

YouTube, www.youtube.de, von Google ist heute das Synonym für ein Videoportal im Internet. Es gibt dort millionenfach Videos zu allen möglichen Themen. Um in der Masse nicht verloren zu gehen, richten immer mehr Unternehmen, aber auch Privatpersonen bei YouTube eigene Videokanäle ein, auf denen sie ihre Videos präsentieren. Die Videos werden nach dem Aufruf im Browser gestreamt.

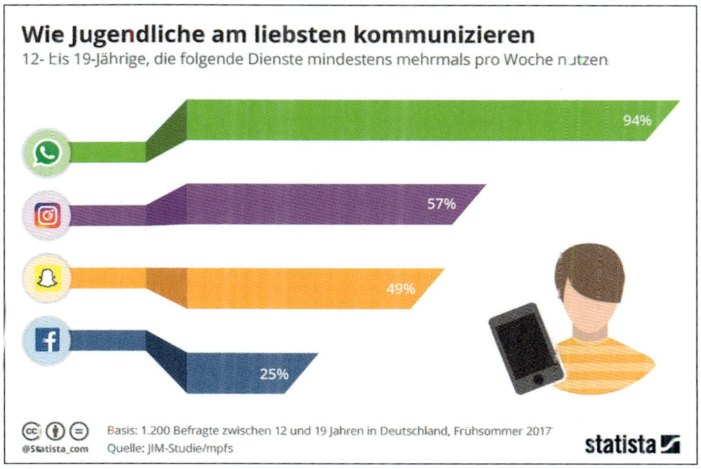

3.2.6 Wikis

Jeder kennt Wikipedia, die weltweite Social-Media-Plattform für gemeinschaftliches kollaboratives Wissensmanagement. Das Besondere an Wikis ist, dass die Nutzer die Inhalte selbst erstellen und bearbeiten können.

Für Ihr eigenes Wiki, z. B. zum Wissensmanagement in einem Unternehmen, arbeiten Sie mit derselben Software, mit der auch Wikipedia arbeitet. Laden Sie die Software von der Website *MediaWiki* unter www.mediawiki.org herunter und installieren Sie sie auf Ihrem Webserver bzw. Webspace. Erstellen Sie gemeinsam mit Kollegen ein eigenes Wiki.

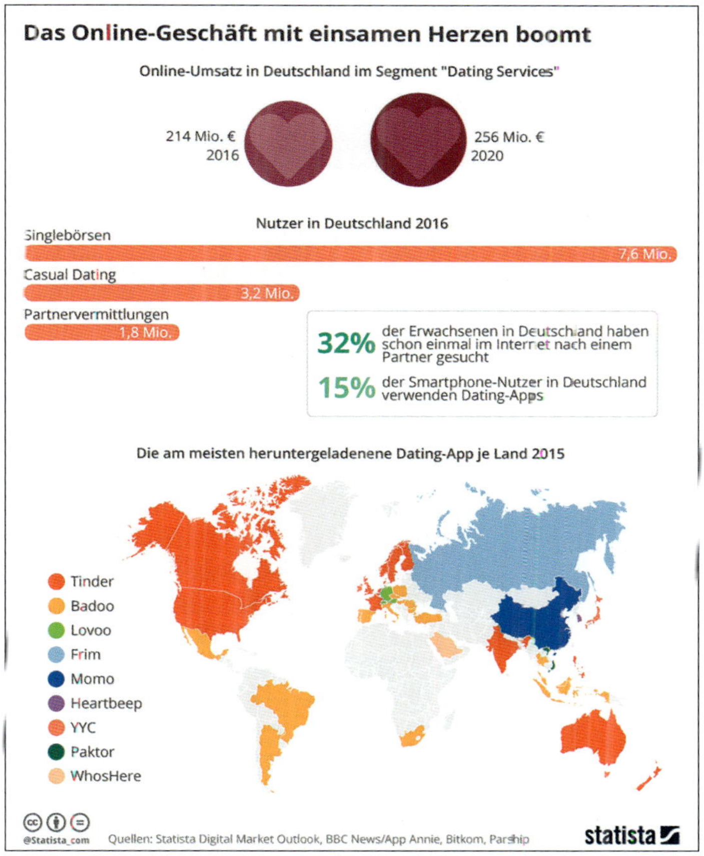

3.2.7 Partnerbörsen

Was liegt näher, als im Internet über die sozialen Medien auch nach einem Partner zu suchen? Ob fürs Leben oder nur für einen kürzeren Zeitraum, verschiedene Anbieter haben sich auf diesen Bereich spezialisiert, wie z. B. Tinder (tinder.com). In Deutschland bezahlen bereits über 15 % der Bevölkerung Geld für Dating Services, Tendenz stark steigend.

3.3 Social-Media-Nutzung

3.3.1 Nutzung

Social Media ist vielfältig und entwickelt sich ständig weiter. Statistiken zur aktuellen Social-Media-Nutzung sehen Sie auf dieser und auf der Seite rechts dargestellt.

Unten sehen Sie Auszüge aus einer Studie der Bitkom (www.bitkom.org) von 2018. Die überwiegende Mehrheit der Internetnutzer ist auch in sozialen Netzwerken angemeldet. Sie sehen daran den Stellenwert, den soziale Netzwerke in unserer Gesellschaft bereits einnehmen, schließlich sind etwa 90 % der Bevölkerung im Netz unterwegs.

Fast 90 % der Nutzer von sozialen Netzwerken machen sich Gedanken um ihre Daten, immerhin 62 % verschärfen die voreingestellten Privatsphäre-

Sind Sie in sozialen Netzwerken angemeldet?
(Basis: Internetnutzer ab 14 Jahre)

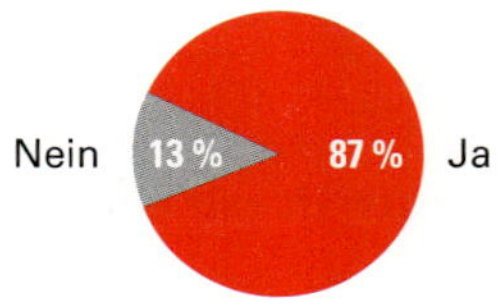

Ich verschärfe die voreingestellten Privatsphäre-Einstellungen.
(Basis: Nutzer von sozialen Netzwerken ab 14 Jahre)

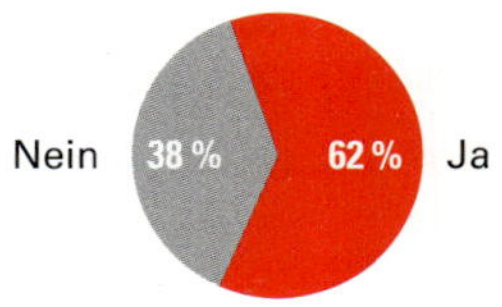

Welche sozialen Netzwerke haben Sie in den vergangenen 3 Monaten genutzt?
(Basis: Internetnutzer ab 14 Jahre)

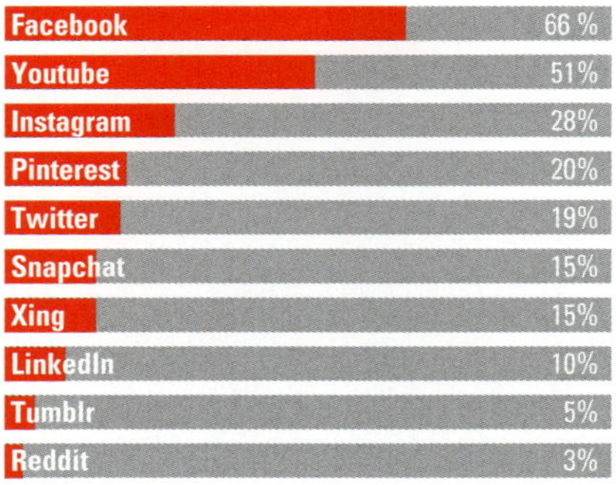

Welche der folgenden Funktionen nutzen Sie zumindest gelegentlich?
(Basis: Nutzer von sozialen Netzwerken ab 14 Jahre)

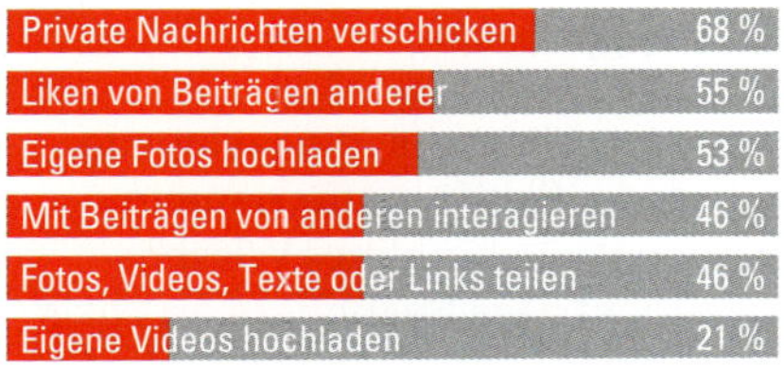

Welche sozialen Netzwerke haben Sie in den vergangenen 3 Monaten genutzt?
(Basis: Internetnutzer ab 14 Jahre)

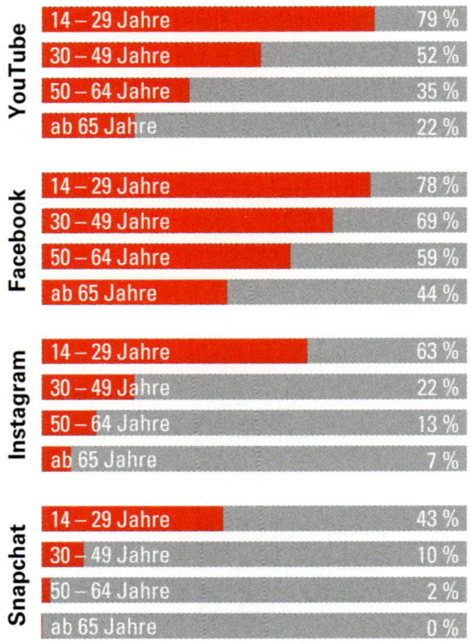

Einstellungen. Sicherlich ist das eine Folge von massivem Datenmissbrauch u. a. bei Facebook. Trotzdem ist Facebook seit einigen Jahren der Platzhirsch in den sozialen Netzwerken, wobei YouTube stark aufgeholt hat, Videos sind besonders bei jungen Nutzern sehr beliebt. Der Hauptgrund, in sozialen Netzwerken aktiv zu sein, ist es, private Nachrichten zu verschicken, vieles hat sich hier von Telefon, Brief und E-Mail in soziale Netzwerke verlagert.

Interessant ist die Betrachtung der unterschiedlichen Altersgruppen bei der Nutzung von sozialen Netzwerken. Gerade bei Instagram und Snapchat zeigt sich ein massiver Unterschied zwischen den Digital Natives und älteren Nutzern.

3.3.2 Gefahren

Mädchen sind in den sozialen Medien aktiver als Jungen, diese bevorzugen eher Computerspiele. Besonders bei den Langzeitnutzern (4 h oder länger) haben Mädchen deutlich die Nase vorn.

Besorgniserregend ist, dass besonders Mädchen soziale Medien nutzen, um nicht an unangenehme Dinge denken zu müssen, sie flüchten sich also zur Ablenkung in die sozialen Medien.

Mehr als die Hälfte der Jugendlichen schläft zumindest ab und zu weniger, um stattdessen in sozialen Medien aktiv sein zu können, sicherlich eine nicht ganz unproblematische Entwicklung.

Soziale Medien scheinen aber nicht nur auf Jugendliche eine anziehende Wirkung zu haben, erstaunlich ist, dass selbst unter der Nutzergruppe der über 54-Jährigen fast die Hälfte der Nutzer eher nicht bzw. auf keinen Fall denken, dass sie auf soziale Medien vollständig verzichten könnten. Erstaunlich deshalb, weil diese Nutzergruppe ja schließlich den größten Teil ihres Lebens ohne soziale Medien verbracht hat.

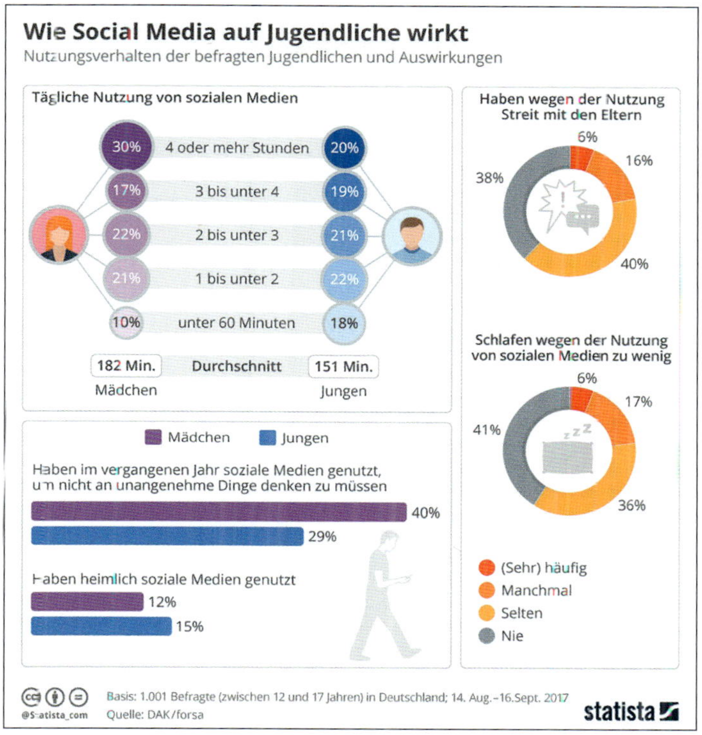

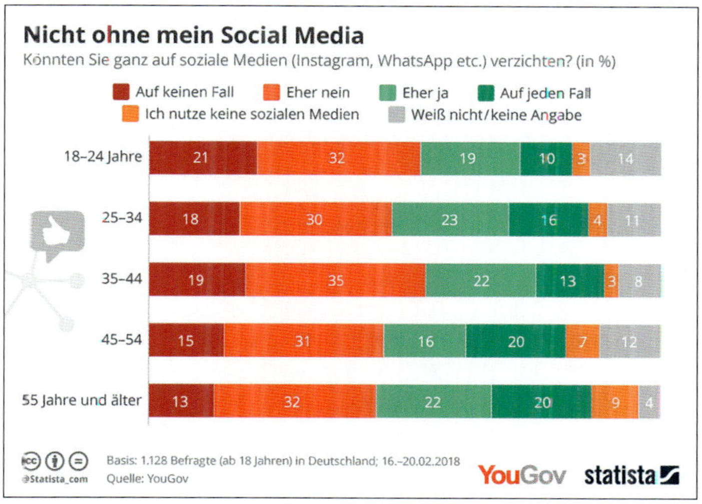

3.4 Social-Media-Marketing

Social Media ist Teil des Marketingmix eines Unternehmens und damit ein wichtiger Teil der zukunftsorientierten, an der Wertschöpfung ausgerichteten Kommunikation.

Kommunikation als Teil des Marketingmix

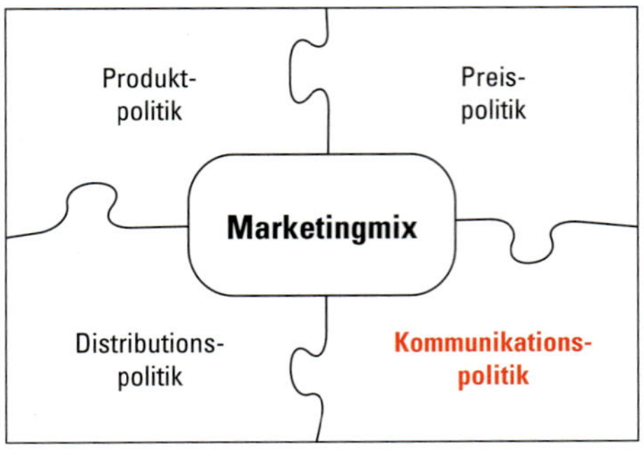

Machen Sie den ersten Schritt und beginnen Sie mit passivem Social Media. Sie erstellen noch keine eigenen Inhalte und haben noch keinen eigenen Auftritt auf einer Social-Media-Plattform.

Nutzen Sie die im Netz bereits vorhandenen Aktivitäten zur Information und Kommunikation. Führen Sie parallel eine erste Branchenanalyse durch:

- In welcher Form und auf welchen Kanälen und Plattformen ist Ihr Unternehmen schon in Social Media präsent?
- Wer betreibt diese Social-Media-Aktivitäten?
- Was wird über Ihr Unternehmen geredet?
- Wie sind Ihre Mitbewerber aktiv?

Nutzen Sie als Hilfsmittel für die Analyse Suchmaschinen, Recherche auf den einschlägigen Social-Media-Plattformen, aber auch die Analysetools wie z. B. Google Analytics, www.google.com/analytics.

Ihre Analyse ist eine gute Basis für den zweiten Schritt, das aktive Social-Media-Marketing (SMM) mit eigener Präsenz und Gesamtstrategie in ver-

Google Analytics
www.google.com/analytics

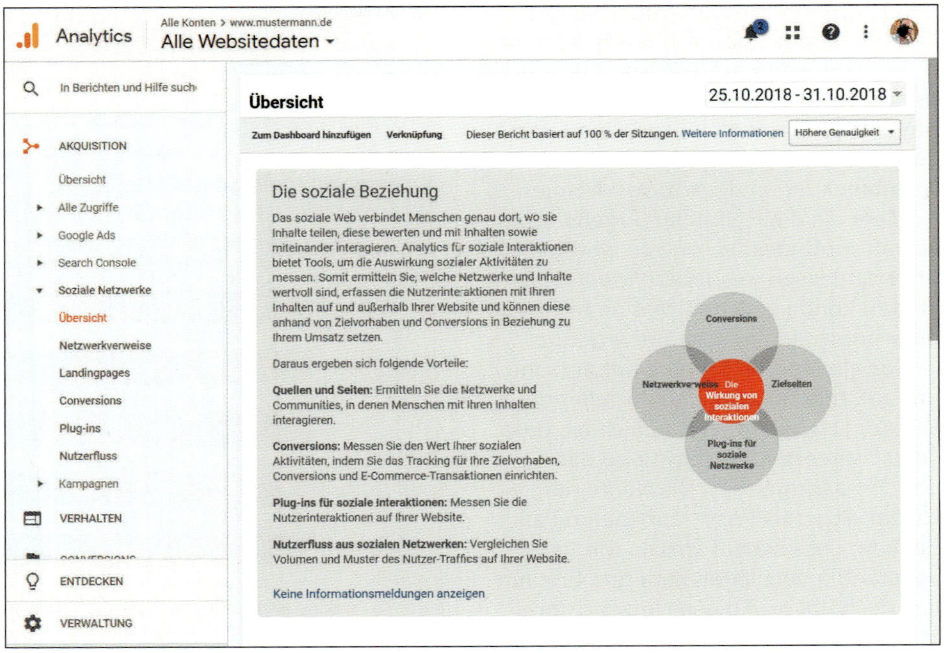

schiedenen Social-Media-Kanälen. Die klassischen W-Fragewörter *warum, wer, was, wo, wie* und *wann* strukturieren die Analyse:

3.4.1 Warum? – Ziele

Alle sind bei Facebook, wir müssen unbedingt auch in Facebook präsent sein. Schön, und warum und wie wollen Sie das machen? Nur eindeutig definierte Ziele und die daraus abgeleiteten Aufgaben führen Sie tatsächlich zum Ziel.

Die aus dem Projektmanagement bekannte SMART-Methode unterstützt Sie bei der Definition und Operationalisierung Ihrer Ziele. SMART ist ein Akronym und steht für:

- *Specific* (Spezifisch)
  Die Ziele sind eindeutig, positiv und präzise formuliert.
- *Measurable* (Messbar)
  Zwischenergebnisse und die Zielerreichung sind messbar, überprüfbar und eindeutig bewertbar.
- *Attractive* (Attraktiv)
  Die Zielerreichung schafft einen Mehrwert.
- *Reasonable* (Realistisch)
  Die Ziele sind erreichbar.
- *Timely* (Terminiert)
  Die Ziele haben klare Zeitvorgaben. Sie sind in dem Zeitrahmen realistisch erreichbar.

Die Grafiken rechts oben und unten zeigen Ihnen, dass es sich für Unternehmen lohnen kann, z. B. bei Facebook aktiv zu sein.

3.4.2 Wer? – Kommunikationspartner

Social Media ist Dialog zwischen Partnern auf Augenhöhe. Die Dialogpartner sind z. B. die Angehörigen der Zielgruppe und die Mitarbeiter eines Unternehmens.

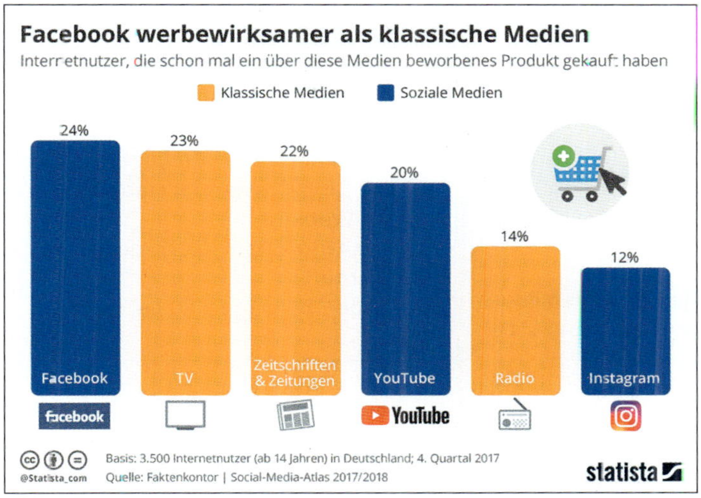

Vergleich der Werbewirksamkeit

Zielgruppe – Nutzertypologien

Auf welchen Social-Media-Plattformen hält sich Ihre Zielgruppe bevorzugt auf? Und was macht sie da?

Es gibt verschiedene Studien zur Einteilung der Social-Media-Nutzer in Profilgruppen, man spricht hierbei von Social-Media-Nutzertypologien.

Eine häufig im Netz zitierte Einteilung der Nutzertypen stammt von Josh

Vergleich der Produktwahrnehmung

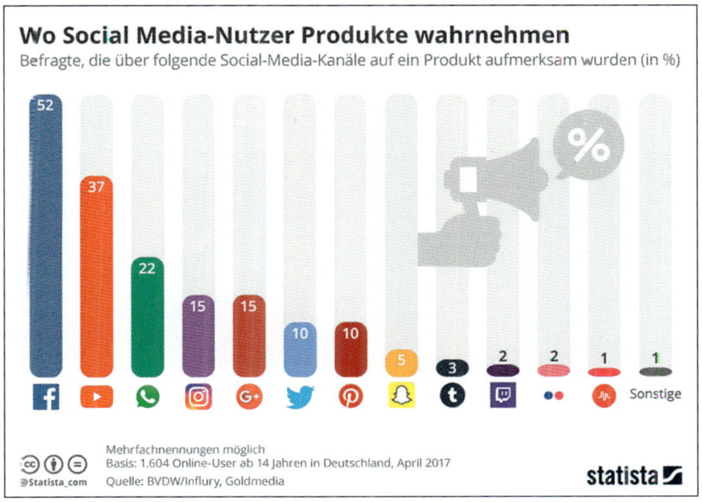

Bernoff. Josh Bernoff, Autor und Vice President bei Forrester Research, definiert eine Leiter mit sieben sogenannten *Social Technographics*:

- *Creators* (Schöpfer)
  Publizieren eigene Inhalte, betreiben eigene Blogs usw. oder haben eine eigene Website
- *Conversationalists* (Gesprächsteilnehmer)
  Schreiben Beiträge z. B. bei Twitter, pflegen ihre Statusmeldungen in Netzwerken
- *Critics* (Kritiker)
  Verhalten sich reaktiv, verfassen Kommentare oder Rezessionen, z. B. in Blogs und Foren
- *Collectors* (Sammler)
  Abonnieren Newsletter und RSS-Feeds, sammeln und bewerten Inhalte
- *Joiners* (Teilnehmer)
  Besitzen und pflegen eigene Profile in sozialen Netzwerken
- *Spectators* (Zuschauer)
  Konsumieren die Inhalte der verschiedenen Social-Media-Plattformen
- *Inactives* (Passive)
  Besitzen einen Internetzugang, nutzen ihn aber nicht zur Teilnahme an Social-Media

Auch die Sinus Markt- und Sozialforschung GmbH, bekannt für die Sinus-Milieus, hat sich mit der Nutzung des Internets auseinandergesetzt und *digitale Sinus-Milieus* konzipiert.

Diese digitalen Sinus-Milieus basieren auf den klassischen Sinus-Milieus. Machen Sie sich anhand der Abbildungen auf dieser Seite selbst ein Bild davon.

Digitale Sinus-Milieus
www.sinus-institut.de

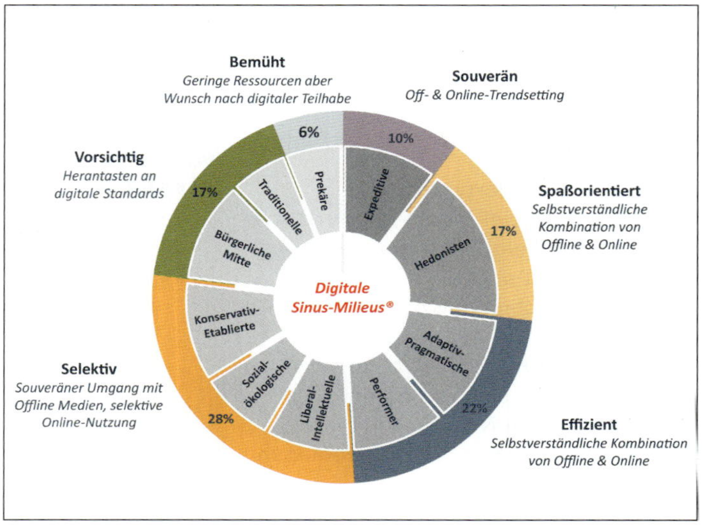

Mitarbeiter – Social-Media-Guidelines
Mit Social Media verändert sich die interne und die externe Unternehmenskommunikation. Deshalb besteht ein wichtiger Bereich bei der Entwicklung und Umsetzung der Social-Media-Strategie darin, die organisatorische Einordnung der Social-Media-Aktivitäten mit den Verantwortlichkeiten und Aufgaben der Mitglieder des Social-Media-Teams festzulegen.

Mitarbeiter des Unternehmens nutzen aber auch privat täglich soziale Medien. Sie posten Tweets auf Twitter und stellen Nachrichten in Facebook ein. Auch ihre privaten Beiträge werden dem Unternehmen zugeschrieben, wenn in ihrem Profil steht, dass sie Mitarbeiter eines bestimmten Unternehmens sind.

Die Richtlinien für den Umgang mit sozialen Medien werden in für alle Beteiligten verbindlichen Social-Media-Guidelines festgelegt. Geregelt wird, in welcher Form und welche Inhalte Mitarbeiter im Namen des Unternehmens in sozialen Medien kommunizieren dürfen. Dabei gilt es, besonders folgende Punkte zu beachten:

- Umgangsformen, Nettikette
- Arbeitsrechtliche Pflichten
- IT-Sicherheit, Datenschutz
- Medienrecht
- Nutzungsrechte und AGB der Social-Media-Plattformen

Beispielinhalte für Social-Media-Guidelines sind auf der nächsten Doppelseite abgedruckt.

3.4.3 Was? – Content

Social Media ist Kommunikation. Haben Sie was zu sagen? Können Sie zuhören? Sie beantworten beide Fragen mit ja, dann sind Sie bei Social Media genau richtig.

Sichtbarste Marken im sozialen Netz

Content is King hört man immer und überall, wenn es um den Content, die Inhalte der Kommunikation, in Social Media geht.

Dieser Spruch ist ähnlich hilfreich wie der Spruch: *Ein Bild sagt mehr als 1000 Worte*. Beide sagen ebenso alles wie nichts. Grundsätzlich gilt für eine lohnende Kommunikation, dass beide Kommunikationspartner einen Mehrwert haben. Heiße Luft ist eben auch in Social Media heiße Luft und Antworten, die auf sich warten lassen, sind auch nicht hilfreich.

In der Grafik oben sehen Sie, welche Marken im sozialen Netz am meisten präsent sind, klar, dass es sich um große Marken handelt, wobei die Rangfolge dennoch deutlich macht, dass Unternehmen das soziale Netz unterschiedlich stark nutzen.

Content-Strategie
Die Content-Strategie ist ein unverzichtbarer Teil der Kommunikationsstrategie eines Unternehmens. Die folgenden Fragen helfen Ihnen bei der Entwicklung einer Content-Strategie für die

Social-Media-Guidelines

Social-Media-Guidelines

Liebe Mitarbeiterin, lieber Mitarbeiter,

wir freuen uns, wenn Sie im Internet mit Kunden und Interessenten über unser Unternehmen und unsere Produkte sprechen. Jede Äußerung, die Sie als Mitarbeiter unseres Unternehmens abgeben, macht Sie zu einem Botschafter unserer Marke und trägt zur Außenwirkung unseres Unternehmens bei. Als Hilfestellung bei der Nutzung von Social Media haben wir einige Regeln und Vorschriften erarbeitet, die wir Sie bitten, bei der Kommunikation in sozialen Netzwerken einzuhalten.

1. *Social Media am Arbeitsplatz*
   Die Kommunikation über Social Media ist in unserer heutigen Welt selbstverständlich geworden. Auch unserem Unternehmen ist Social-Media wichtig. Nutzen Sie Social Media während der Arbeitszeit aber bitte ausschließlich für betriebliche Zwecke. Verschieben Sie private Kommunikation auf die Zeit nach Dienstschluss.

2. *Kommunikation mit Klarnamen*
   Nutzen Sie für die dienstliche Kommunikation in sozialen Netzwerken stets Ihren echten Namen und teilen Sie mit, dass Sie Mitarbeiter unseres Unternehmens sind. Achten Sie darauf, dass Ihre Äußerungen als Ihre persönliche Meinung erkennbar sind und keine offizielle Presseinformation des Unternehmens darstellen. Überlassen Sie Pressemeldungen den zuständigen Personen unseres Unternehmens.

3. *Soziale Netzwerke sind öffentlich*
   Tätigen Sie keine unüberlegten Aussagen über das Unternehmen. Kommunizieren Sie stets höflich und sprechen Sie Kunden und Interessenten mit „Sie“ an. Unternehmensinterna sind vertraulich zu behandeln und nicht in sozialen Netzwerken zu kommunizieren.

4. *Gesetzliche Vorgaben beachten*
   Beachten Sie insbesondere das Urheberrecht, das Wettbewerbsrecht und das Recht am eigenen Bild. Logos, Bilder, Texte, Musik und Videos sind meist rechtlich geschützt. Verwenden Sie diese nur mit einem ausdrücklichen, schriftlichen Einverständnis der Rechteinhaber.

5. *Geschäftliche Social-Media-Accounts*
   Nutzen Sie zur betrieblichen Kommunikation nur geschäftliche Accounts. Beachten Sie, dass geschäftliche Social-Media-Accounts genauso wie Ihr geschäftlicher E-Mail-Account und dienstliche Kontaktdaten Eigentum

des Unternehmens sind. Mischen Sie daher nie berufliche und private Kontakte. Spätestens bei Ihrer Pensionierung müssen Sie geschäftliche Accounts an unser Unternehmen abgeben.

6. *Separate Passwörter nutzen*
   Nutzen Sie aus Sicherheitsgründen neue Passwörter in sozialen Netzwerken. Passwörter, mit denen Sie auf Firmendaten zugreifen, sind nicht dazu bestimmt, sich in soziale Netzwerke einzuloggen. Angreifer könnten ansonsten bei Bekanntwerden der Passwörter Mehrfachzugriff erlangen.

7. *Nutzung von Dienstgeräten*
   Bitte bedenken Sie bei der privaten Nutzung eines Dienstgerätes und der Speicherung von privaten Daten auf dem Gerät, dass es Eigentum der Firma ist und jederzeit von der Firma zurückgefordert werden kann.

8. *Datenschutz beachten*
   Bitte beachten Sie insbesondere bei der privaten Nutzung von Dienstgeräten den Datenschutz. Aus datenschutzrechtlichen Gründen darf z. B. eine App, die Daten auf einem außereuropäischen Server sichert, keinen Zugriff auf geschäftliche Kontaktdaten erlangen (eine Standardeinstellung bei z. B. WhatsApp).

Wenden Sie sich bei Fragen zur Social-Media-Kommunikation bitte an die Pressestelle unseres Unternehmens.

Social-Media-Aktivitäten in den verschiedenen Kanälen:
- Welche Inhalte werden publiziert?
- Woher kommen die Inhalte?
- Wer erstellt die Inhalte?
- Welche Medienformate werden eingesetzt?
- Wer ist verantwortlich für die Inhalte?
- Wann werden die Inhalte publiziert?
- Wo, d.h., auf welchen Social-Media-Plattformen wird publiziert?
- Wer ist meine Zielgruppe?
- Welche Inhalte interessieren meine Zielgruppe?
- Welche Inhalte kann meine Zielgruppe beisteuern?
- Was kostet die Publikation?

Rollen
Social Media verändert nicht nur die Kommunikationskultur, sondern auch die Rollen aller Beteiligten. Die Teilnehmer nehmen unterschiedliche Rollen ein. Je nach Kanal und Plattform sind sie Leser, Kommentator, Autor, Moderator oder sogar Betreiber.

Content-Typen (Media Types)
Die Inhalte auf den Social-Media-Plattformen werden in vier Kategorien eingeteilt:
- *Owned Content*
  Die Inhalte werden von Ihnen produziert und auf Ihren eigenen Social-Media-Kanälen publiziert.

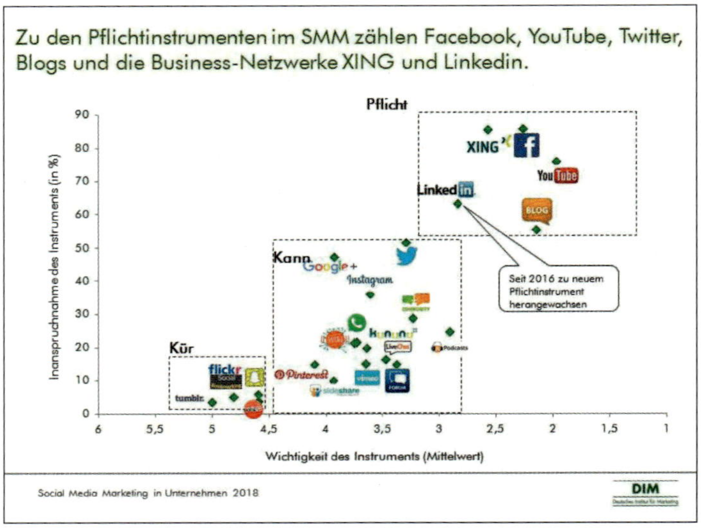

Rang (Wichtigkeit)	Instrument	Wichtigkeit	Nutzungshäufigkeit
1 (2016: 3)	YouTube	M = 1,97 (2016: M = 1,69)	75,8% (2016: 82,8%)
2 (2016: 2)	Blogs	M = 2,15 (2016: M = 2,32)	55,4% (2016: 57,1%)
3 (2016: 1)	Facebook	M = 2,26 (2016: M = 2,36)	85,5% (2016: 95,0%)
4 (2016: 6)	Xing	M = 2,57 (2016: M = 2,79)	85,3% (2016: 66,7%)
5 (2016: 10)	LinkedIn	M = 2,84 (2016: M = 3,07)	63,2% (2016: 39,3%)
6 (2016: 9)	Pod- / Videocasts	M = 2,91 (2016: M = 3,35)	24,6% (2016: 22,2%)
7 (2016: 8)	Eigene Communities	M = 3,23 (2016: M = 3,38)	28,8% (2016: 22,2%)
8 (2016: 4)	Twitter	M = 3,29 (2016: M = 3,49)	51,5% (2016: 70,7%)
9 (2016: 7)	Nutzer- und Diskussionsforen	M = 3,38 (2016: M = 3,67)	14,8% (2016: 28,3%)
10 (2016: 13)	Live-Chat	M = 3,47 (2016: M = 3,76)	16,4% (2016: 11,1%)

Nutzung und Wichtigkeit verschiedener SMM-Instrumente

Deutsches Institut für Marketing www.marketinginstitut.biz

- *Paid Content*
  Die Inhalte werden gegen Bezahlung auf einem fremden Social-Media-Kanal publiziert.
- *Earned Content, Shared Media*
  Die Inhalte werden von Nutzern bzw. Kunden produziert und z. B. auf Bewertungsportalen oder Fanseiten veröffentlicht.
- *Converged Media*
  Die Inhalte der drei vorstehenden Media-Content-Typen werden kombiniert genutzt.

3.4.4 Wo? – Kanäle und Geräte

Kommunikation braucht einen Ort, an dem wir uns treffen können.

Social-Media-Kanäle und -Plattformen
Sie müssen nicht auf allen Social-Media-Kanälen und -Plattformen präsent sein. Es ist aber natürlich wichtig, dort präsent zu sein, wo Ihre Zielgruppe aktiv ist. Ein zweites Kriterium für die Präsenz ist Ihr Kommunikationsziel. Wählen Sie die Kanäle und Plattformen mit der größten Übereinstimmung des Kommunikationsprofils mit der Ausrichtung der Social-Media-Aktivität. An Facebook und YouTube kommt allerdings niemand vorbei. Beide Plattformen haben eine so große Mitgliederzahl, dass sich Ihre Zielgruppe dort auf jeden Fall wiederfindet. Beobachten Sie die Entwicklung der verschiedenen Aktivitäten, damit Sie die Ausrichtung und den Umfang Ihres Social-Media-Engagements zielorientiert entwickeln können.

In der Studie *Social Media Marketing in Unternehmen 2018* wurde unter anderem die Nutzung und Wichtigkeit verschiedener Social-Media-Marketing-Instrumente untersucht. Die Studie wurde von dem *Deutschen Institut für Marketing*, www.marketinginstitut.biz, durchgeführt. Die Ergebnisse sehen Sie auf dieser Seite dargestellt.

Während Twitter in den letzten Jahren wieder an Bedeutung verloren hat, spielt LinkedIn nun eine wichtigere Rolle. Facebook, YouTube und XING sind seit vielen Jahren Pflicht für Unternehmen.

Influencer-Werbung
Ein noch immer recht neues Phänomen der Social-Media-Werbung sind *Influencer*. Wer auf YouTube, Instagram oder Facebook eine große Zahl an Followern

erreicht und mit seiner Reichweite einen gewissen Einfluss ausübt, kann auf die finanzielle Unterstützung von Marken hoffen. Oft ist diese finanzielle Unterstützung aber gar nicht der Hauptantrieb, um als Influencer aktiv zu sein, meist steht eine innere Überzeugung im Vordergrund und die Influencer genießen es einfach, im Rampenlicht zu stehen.

Schon immer hatten besonders junge Menschen das Bedürfnis, sich an Vorbildern zu orientieren. Influencer stellen eine besondere Form der Testimonial-Werbung dar, „normale" Personen, die eine starke Präsenz und ein hohes Ansehen in sozialen Netzwerken genießen, thematisieren ein Unternehmen und seine Produkte.

Rechts oben sehen Sie die im Oktober 2018 wachstumsstärksten Influencer im deutschsprachigen Raum auf Instagram, gut möglich, dass diese 2019 bereits wieder vergessen sind. Unten sehen Sie typische Posts von zwei Influencern.

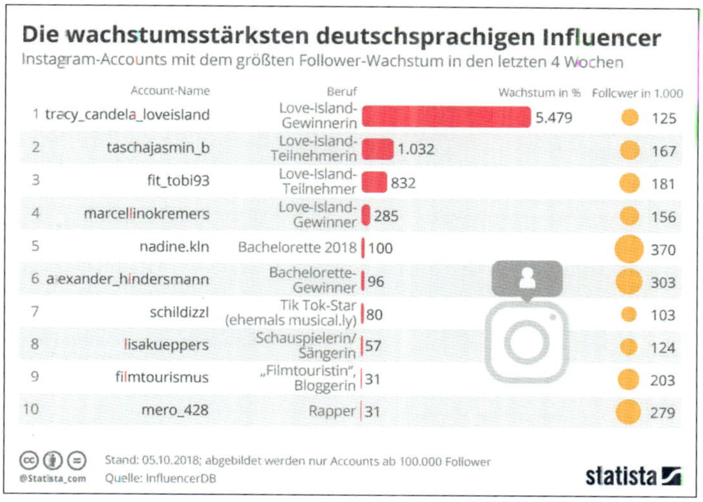

Influencer-Werbung über Instagram

Geräte

Soziale Netzwerke werden auf unterschiedlichen Endgeräten genutzt. Die Nutzung von Social Media auf klassischen PCs oder Laptops ist seltener geworden, am häufigsten wird Social Media mobil genutzt, auf Smartphones und Tablets.

Influencer-Werbung

Die Anpassung der Darstellung der Social-Media-Aktivität auf dem jeweiligen Endgerät erfolgt durch Responsive Design der Seite. Die Alternative dazu sind Apps für Smartphones oder Tablets.

3.4.5 Wie? – Aktivitäten vernetzen

Digital Marketing Transit Map
www.gartner.com

Die *Digital Marketing Transit Map* des US-Marktforschungsunternehmens *Gartner*, www.gartner.com, zeigt einen U-Bahn-Streckenplan mit seinen Haupt-

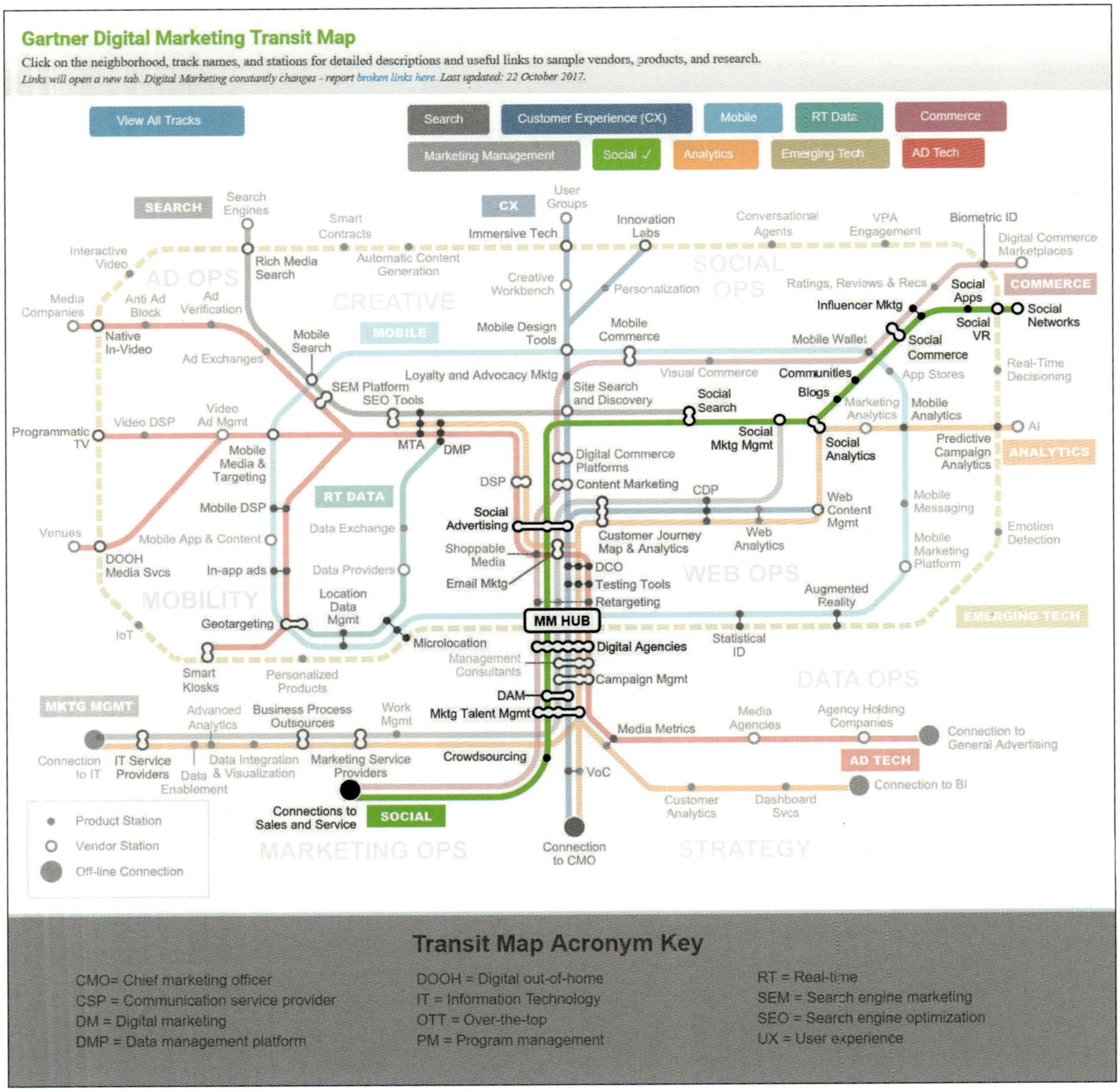

und Nebenstrecken, den Knotenpunkten und Haltestellen und Umsteigestationen in andere Netze. Die Metapher visualisiert treffend die Komplexität und Vernetzung der verschiedenen Bereiche von Social Media.

Stellen Sie sich vor, Sie kommen in eine fremde Stadt. Sie möchten die Stadt mit öffentlichen Verkehrsmitteln erkunden und stehen am Hauptbahnhof vor dem Streckenplan. Die wichtigsten Sehenswürdigkeiten sind eingezeichnet. Freundliche Menschen auf dem Bahnsteig geben Ihnen Tipps, was Sie unbedingt sehen sollten und vor allem wie Sie dort hinkommen. Sie treffen auf Ihrer Stadterkundung andere Reisende, teilen Empfehlungen und so erschließt sich die Stadt. Geben Sie den Nutzern in Ihrem Social-Media-Netz Orientierung und Empfehlungen. Werben Sie für Ihre Social-Media-Aktivitäten.

Sharing-Buttons

Sharing-Buttons verlinken direkt zu der jeweiligen Social-Media-Plattform. *Besuchen Sie uns auf Facebook ..., folgen Sie uns auf Twitter...*

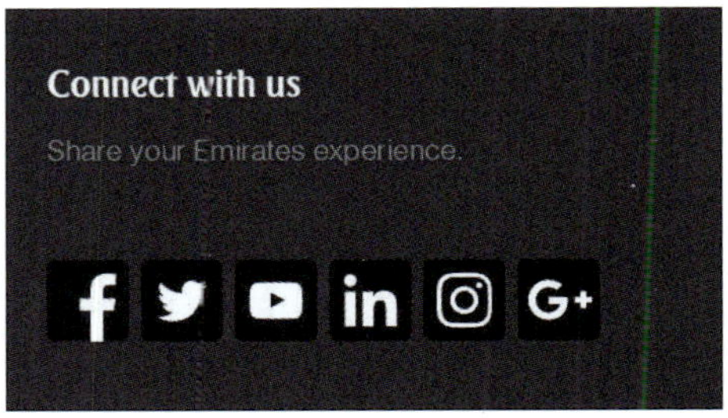

Backlinks

Backlinks sind Links, die von einer Website auf eine andere Website verweisen. In Social Media wird diese Funktion erweitert. Mit jedem Kommentar, den Sie auf einer Seite verfassen und senden, wird Ihre E-Mail-Adresse, oft sogar mit URL, als Backlink hinterlegt. Backlinks steigern das Ranking in Suchmaschinen. Spezielle Software ermöglicht die automatisierte Erstellung und Verbreitung von Backlinks, sogenannte Trackbacks oder Pingbacks.

Empfehlungen

Teilen Sie Ihre Empfehlungen mit anderen Nutzern. Fügen Sie die Möglichkeiten zum aktiven Teilen in Ihren eigenen Seiten ein.

Aktives Teilen auf verschiedenen Plattformen

Social-Media-Newsroom

Mit einem Social-Media-Newsroom bieten Sie einen Überblick und gleich-

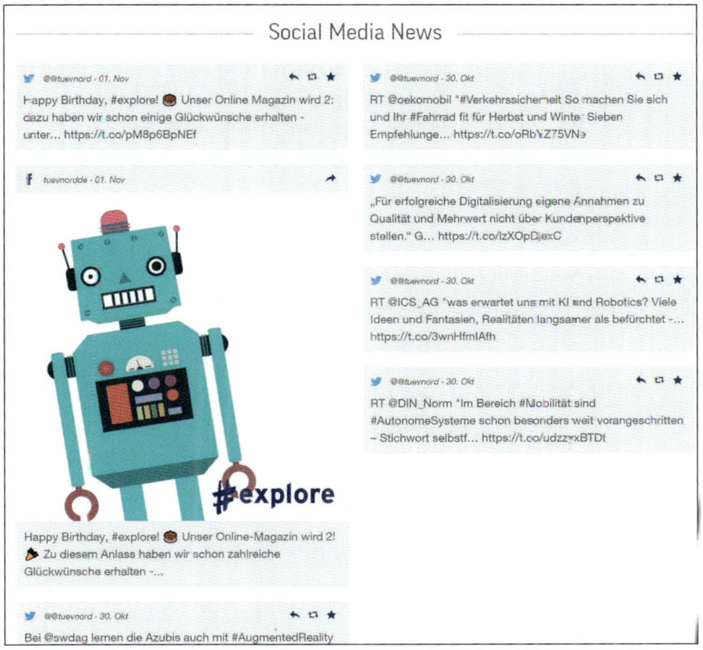

Social-Media-Newsroom

Rückmeldungen in Facebook

www.socialbakers.com

Socially Devoted Quarterly Results

Germany

Q3/2017 Q4/2017 Q1/2018 Q2/2018

		Fans	Response Time	Response Rate	Answered minus Ignored Questions
1	Deutsche Bahn Personenverkehr	578 851	56 Min	98,14%	3 939
2	DHL Paket	116 932	1 310 Min	89,06%	3 640
3	Eurowings	730 042	32 Min	94,04%	1 891
4	Vodafone Deutschland	913 615	514 Min	96,99%	1 466
5	DPD Deutschland	38 967	315 Min	97,25%	1 342
6	o2 Deutschland	425 808	144 Min	92,40%	1 227
7	Deutsche Post	215 006	1 199 Min	95,92%	1 125
8	Amazon.de	4 185 263	42 Min	95,01%	974

zeitig einfachen Zugang zu allen Ihren Social-Media-Aktivitäten. Vernetzen Sie den Newsroom direkt mit der Startseite Ihrer Website an prominenter Stelle.

Verweise

Verweisen Sie auf Ihre Social-Media-Aktivitäten in allen eigenen Medien, z. B. Geschäftsbrief, Visitenkarte, Broschüre, Flyer, Plakat, E-Mail-Signatur oder Website. Nutzen Sie auch die direkte Verlinkung über QR-Codes. Achten Sie dabei aber darauf, dass die Nutzer bei einem QR-Link möglichst auf eine angepasste Landingpage gelangen.

3.4.6 Wann? – Reaktionszeiten

Social Media hat unsere Kommunikationserwartungen und -gewohnheiten verändert. Wir erwarten Kommunikation in Echtzeit. Posts und Tweets sind zwar keine Leserbriefe, unterschiedliche Themen, Medien und Branchen bedingen aber trotzdem unterschiedliche und teilweise auch längere Reaktionszeiten.

Es gibt keine feste Zeitspanne für eine angemessene Reaktion. Allgemein gilt als angemessene Reaktionszeit: E-Mail innerhalb eines Tages, soziale Netzwerke innerhalb eines halben Tages und Microblogs wie Twitter innerhalb einer Stunde. Es ist nicht immer möglich, gleich einen qualifizierten Beitrag oder eine umfassende Antwort zu geben. Geben Sie dann zunächst ein Erstfeedback, spiegeln Sie die Diskussion in die Community zurück. Wichtig ist, dass die Nutzer sich wahrgenommen fühlen und Sie aktiv am Prozess teilnehmen.

3.5 Social-Media-Monitoring

Das Ziel von Social-Media-Monitoring ist es, eine Erfolgskontrolle der Social-Media-Aktivitäten durchzuführen. Das Unternehmen Brandwatch spricht hierbei vom *aktiven Zuhören*. Es geht darum, sich mit den in der Abbildung rechts dargestellten Themen zu befassen. Social-Media-Monitoring umfasst dabei zwei Dimensionen:

- Die erste Dimension ist die Beobachtung und Analyse von Beiträgen auf verschiedenen Social-Media-Kanälen und -Plattformen, die ein Unternehmen betreffen.
- Die zweite Dimension ist die Erfolgsmessung der eigenen Social-Media-Aktivitäten.

Sie können Monitoring selbst durch passive oder aktive Teilhabe auf den verschiedenen Plattformen oder mit Social-Media-Monitoring-Tools durchführen. Zum strukturierten und zielorientierten Monitoring in Suchmaschinen oder mit Monitoring-Tools müssen Sie zu Beginn Keywords, Schlüsselwörter, definieren. Aus den einzelnen Keywords bilden Sie anschließend komplexere Suchbegriffe durch logische Verknüpfungen z. B. mit booleschen Operatoren wie UND und ODER.

Aktives Zuhören als Basis für Social-Media-Monitoring

Quelle: www.brandwatch.com

Der erste Schritt eines systemunterstützten Monitorings ist der Einsatz von plattformeigenen Monitoring-Tools wie *Insights* von Facebook. Es ist aufwändig und schwierig bei der Vielzahl der Social-Media-Plattformen den Überblick zu behalten. Hier helfen Monitoring-Tools, die mehrere Plattformen parallel

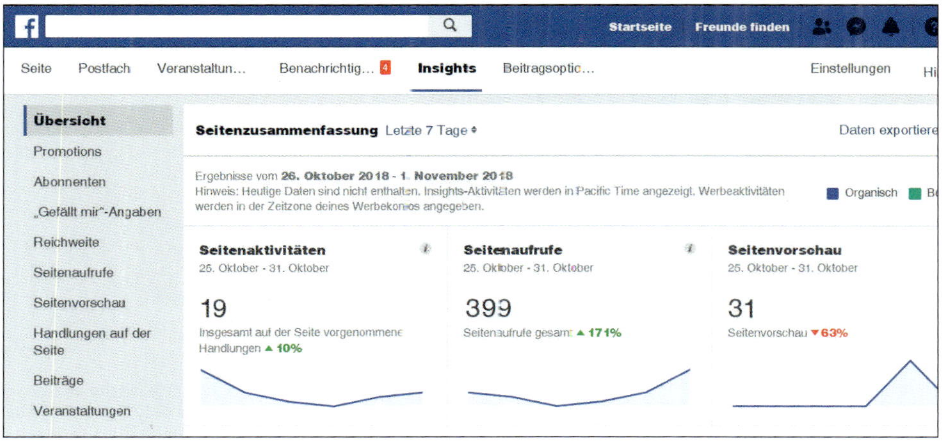

Facebook Insights

durchsuchen und analysieren. Zur spezifischen automatisierten Beobachtung der Social-Media-Aktivitäten gibt es eine Vielzahl von Monitoring-Tools. Auf der Website von *onlinemarketing-praxis* ist eine umfangreiche Übersicht über kostenlose Monitoring-Tools aufgelistet, www.onlinemarketing-praxis.de. Häufig ist die Basisversion mit eingeschränktem Funktionsumfang kostenlos und die professionelle Version mit erweitertem Funktionsumfang kostenpflichtig. Natürlich gibt es auch Dienstleister, die sich auf das Social-Media-Monitoring und die Ergebnisanalyse spezialisiert haben.

Die Erfassung von Fans, Followern, Likes usw. sagt zunächst wenig über den Erfolg der eigenen Social-Media-Aktivitäten aus. Auch die Messgrößen Reichweite, Besucherzahl oder Besuchsdauer sind alleine noch keine Indikatoren für den Erfolg. Erst die Operationalisierung der Erfolgsmessung durch aus den Zielen abgeleitete Kennzahlen ermöglicht eine valide Erfolgsmessung.

Sie sehen unten eine Darstellung der Hochschule für Wirtschaft Zürich, bei der als Kennzahlen (*Key Performance Indicators*) auch klassische Erfolgsfaktoren, wie Marktanteil oder Kundenzufriedenheit, einbezogen wurden.

Erst wenn die 3. Ebene erreicht wird, kann eine echte Erfolgsmessung erfolgen. Interessant ist auch die rechte Spalte *Impact* (Auswirkung). Während die Messung von z. B. *Followern* sehr einfach und schnell möglich ist, ist der *Erhebungsaufwand* bei dem Marktanteil sehr hoch, aber auch der *Erkenntnisgewinn*.

Social-Media-Monitoring

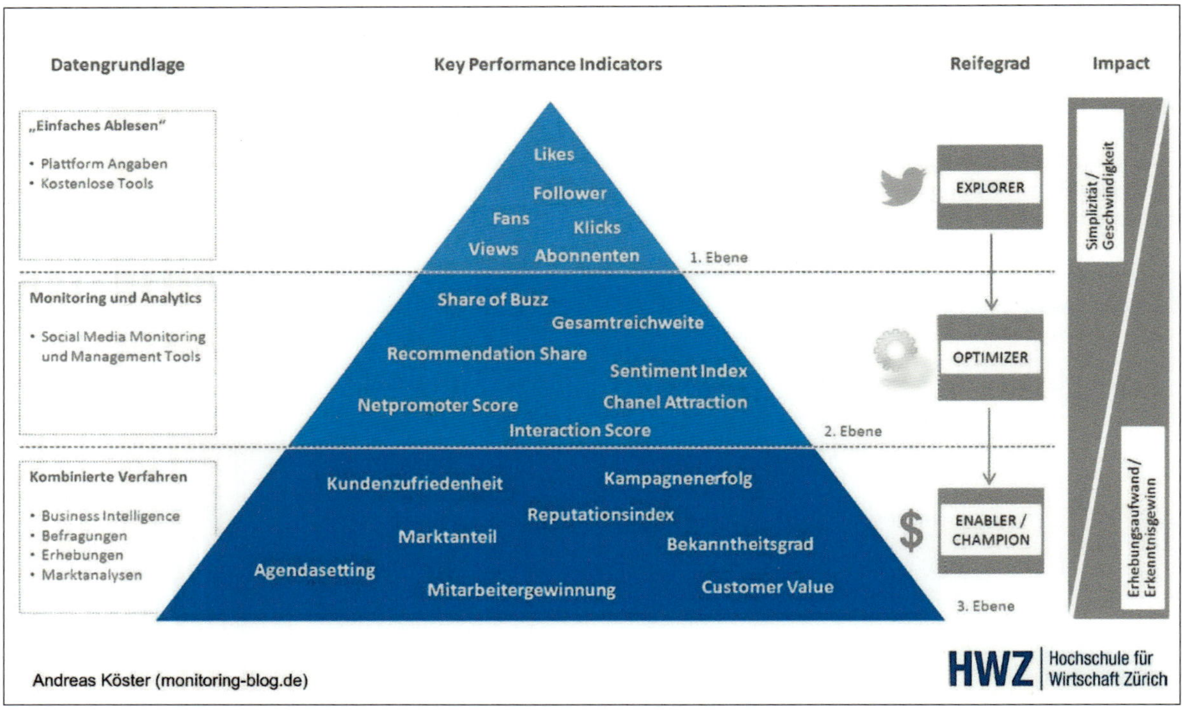

3.6 Social Media verwenden

In diesem Kapitel möchten wir Ihnen die wichtigsten Social-Media-Plattformen näher vorstellen und Ihnen zeigen, wie Sie dort *mitmachen* können und welche Möglichkeiten das jeweilige Netzwerk bietet.

3.6.1 Facebook

Facebook ist das weltweit größte soziale Netzwerk. Es wurde 2004 von Mark Zuckerberg an der Harvard University in den USA entwickelt.

2018 hatte Facebook weltweit über 2 Milliarden Nutzer, etwa 31 Millionen Nutzer waren allein in Deutschland bei Facebook registriert.

Facebook-Unternehmensseite erstellen
Bei der Erstellung einer Unternehmensseite in Facebook sind einige Unterschiede zur privaten Facebookseite zu beachten. Folgen Sie dabei einfach den von Facebook vorgegebenen Schritten.

Sie können alle gemachten Einstellungen auch später noch ergänzen oder ändern.

Making of …

1 Gehen Sie auf die Startseite von Facebook, https://de-de.facebook.com, und klicken Sie auf *Erstelle eine Seite* **A**.

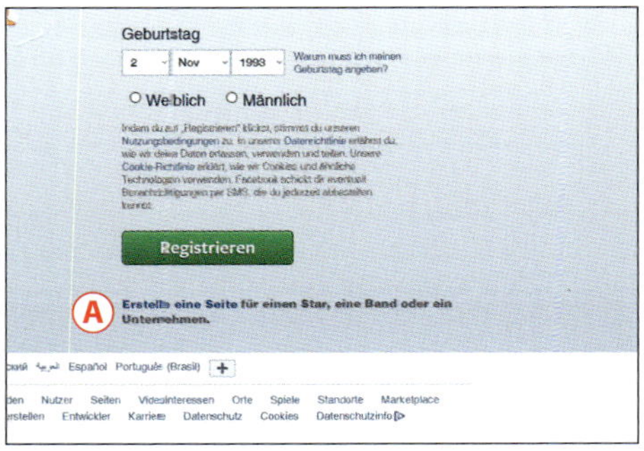

2 Wählen Sie die passende Rubrik.

3 Jetzt müssen Sie sich bei Facebook anmelden **B**. Falls Sie noch keinen Account haben, klicken Sie auf *Neues Konto erstellen* **C** und folgen der Prozedur.

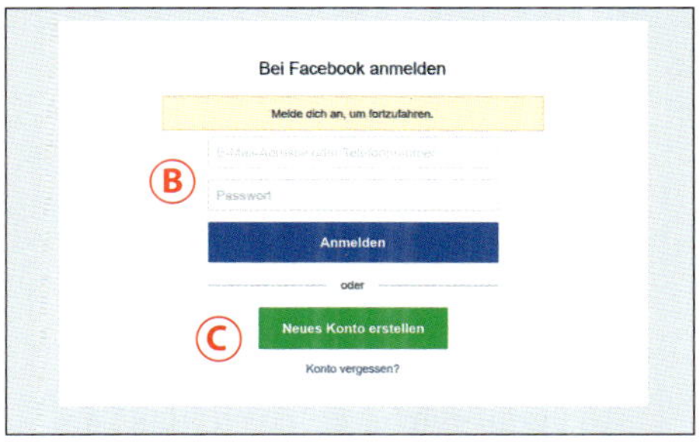

4 Wählen Sie die passende Kategorie und geben Sie den Namen des Unternehmens ein. Zum nächsten Schritt geht es mit *Weiter* **D**.

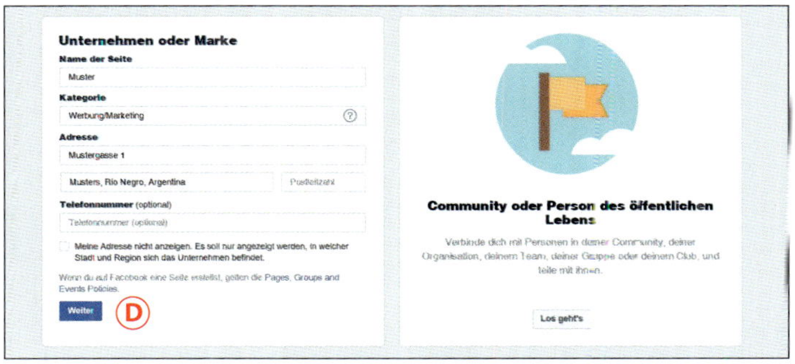

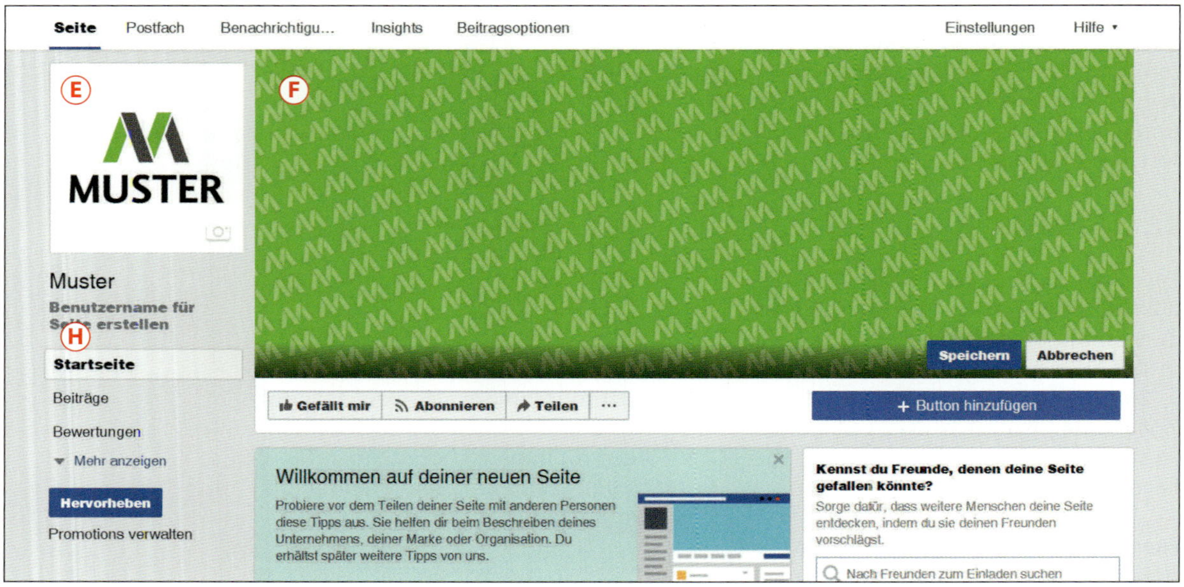

5 Nun werden Sie aufgefordert, ein Profilbild einzufügen. Das Profilbild ist quadratisch **E**. Bilder mit anderen Maßen werden automatisch eingepasst. Sie können diesen Schritt auch überspringen.

6 Auch der nächste Schritt, das Titelbild, kann übersprungen werden. Das Titelbild wird im Querformat über dem Inhalt angezeigt **F**.

Facebook-Unternehmensseite einrichten und anpassen

Nach dem Erstellen Ihrer Facebookseite müssen Sie im nächsten Schritt die Seite einrichten und Ihren Anforderungen anpassen. Die Möglichkeiten sind sehr vielfältig und können hier nicht vollständig dargestellt werden. Wenn Sie Fragen haben, dann klicken Sie auf Menü *Mehr > Hilfe* **G** im Footer Ihrer Facebookseite.

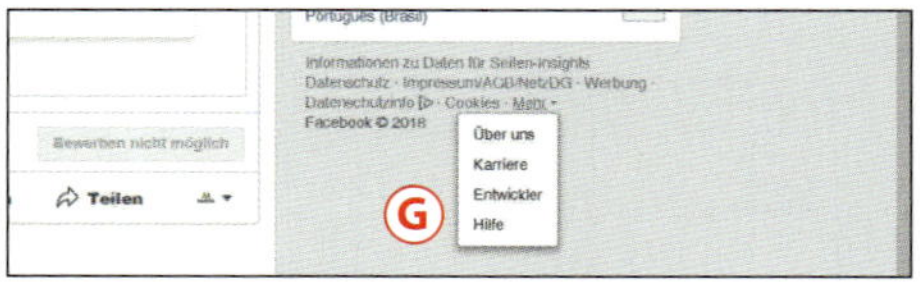

Facebook-Nutzername einrichten

Ihre Facebookseite braucht eine eigene Facebook-Internetadresse. Dazu müssen Sie bei Facebook einen eigenen Benutzernamen **H** beantragen. Der Benutzername wird später im Adressfeld des Browsers angezeigt, z. B. https://www.facebook.com/musterfirma1.

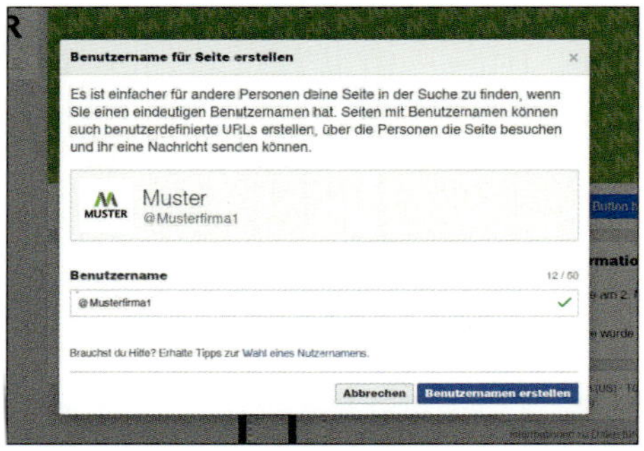

Diese Adresse können Sie neben der Adresse Ihrer Website in allen Medien verwenden.

Facebook-Social-Plug-ins einrichten
Social Plug-ins verknüpfen Ihre Website mit Ihrer Facebookseite. Das bekannteste ist sicherlich der *Like Button*.

Making of ...

1 Gehen Sie auf die Website developers.facebook.com/docs/plugins/.

2 Klicken Sie auf den Link *Button „Gefällt mir"* **A**.

3 Konfigurieren Sie nun den „Gefällt mir"-Button nach Ihren Wünschen **B** und klicken Sie danach auf *„Code generieren"* **C**.

4 Mit einem Klick auf *Get Code* erstellen Sie automatisch den Code zur Erzeugung und Verknüpfung eines *Like Buttons*.

5 Setzen Sie die Codezeilen **D** (JavaScript) bzw. **E** (IFrame) in den Quellcode Ihrer Website ein.

Mit dem *Like Button* gewinnt nicht nur Ihr Unternehmen Informationen über die Nutzer Ihrer Website, sondern auch Facebook.

Sie müssen deshalb auf jeden Fall in der Datenschutzerklärung Ihrer Website oder dem Disclaimer darauf hinweisen, dass auf Ihrer Website Facebook Social Plug-ins eingebunden sind und damit automatisiert Nutzerdaten an Facebook übertragen werden.

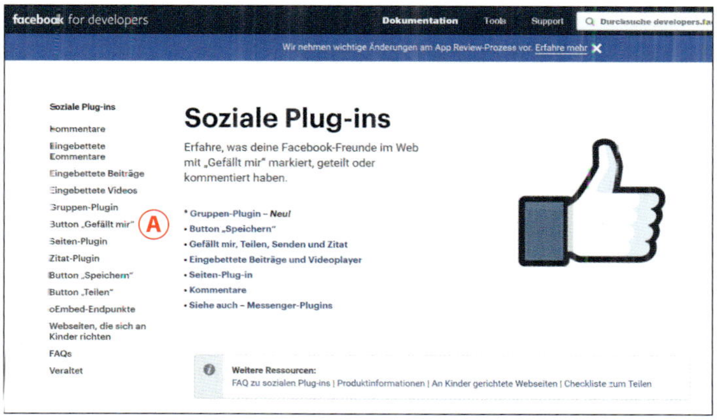

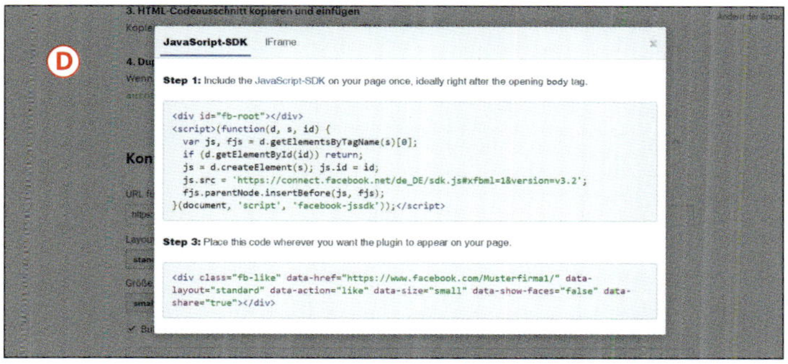

3.6.2 YouTube

YouTube ist das weltweit größte Internet-Videoportal. Es wurde 2005 in den USA gegründet und gehört seit 2006 zu Google.

YouTube-Kanal erstellen
Zur Anmeldung bei YouTube brauchen Sie ein Google-Konto. Wenn Sie schon einen anderen Google-Dienst wie Google+ oder Drive nutzen, dann können Sie sich natürlich über dieses Konto auch bei YouTube anmelden.

Making of ...

1 Melden Sie sich bei Ihrem Google-Konto an.

2 Gehen Sie im Hauptmenü **A** auf *YouTube*.

3 Klicken Sie nun auf *Hochladen* **B**.

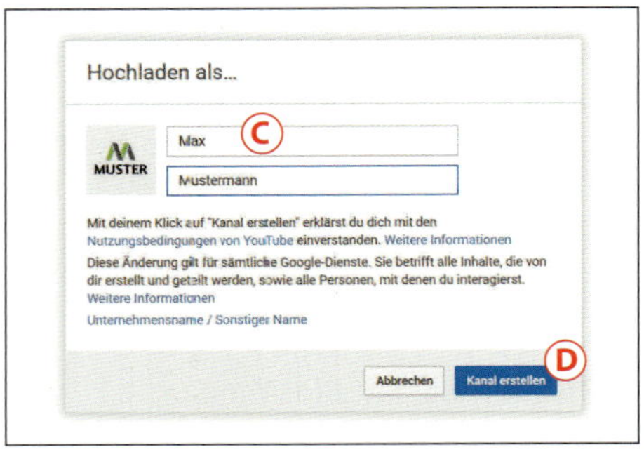

4 Geben Sie Ihren Namen **C** für den Uploader ein und klicken Sie auf *Kanal erstellen* **D**.

5 Wählen Sie nun aus, ob das Video *Öffentlich*, *Nicht gelistet*, *Privat* oder *Geplant* abgelegt werden soll **E**.

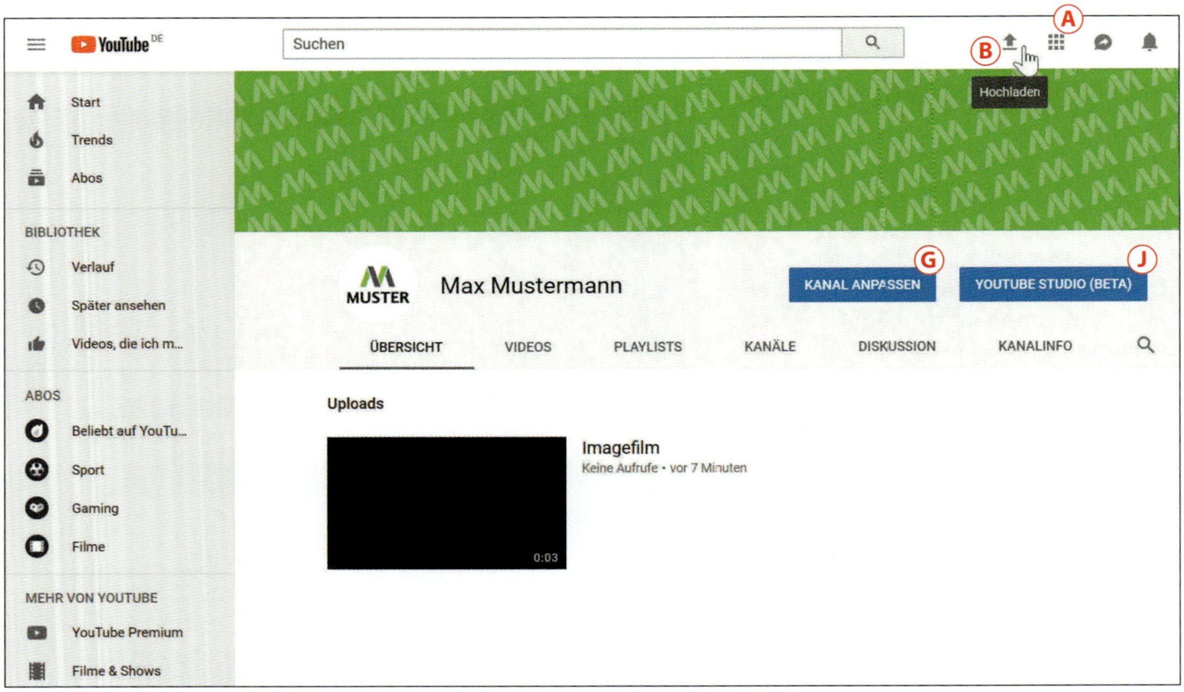

- *Öffentlich*: Jeder kann das Video anschauen.
- *Nicht gelistet*: Das Video kann nur der sehen, der den Link zum Video hat. Über Suchfunktionen kann das Video nicht gefunden werden.
- *Privat*: Nur Sie können das Video sehen und nur, wenn Sie angemeldet sind.
- *Geplant*: Das Video wird zu einem festgelegten Zeitpunkt freigeschaltet, z. B. am Montag um 10 Uhr.

6 Ziehen Sie das betreffende Video in den vorgesehenen Bereich im Browser **F** oder klicken Sie in diesen Bereich **F**, um das Video z. B. auf Ihrer Festplatte auszuwählen.

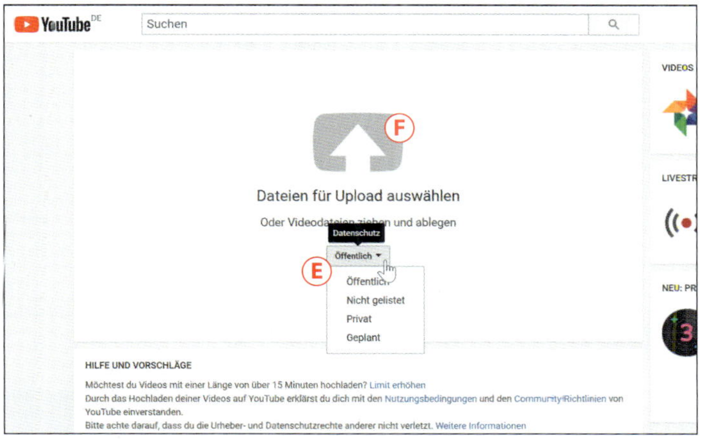

YouTube-Kanal anpassen

Nach dem Erstellen Ihres Kanals müssen Sie im nächsten Schritt den Kanal gestalten und an Ihre Anforderungen anpassen **G**. Sie können z. B. ein *Kanalsymbol* **H** und ein *Kanalbild* **I** festlegen.

Videos bearbeiten

YouTube beinhaltet auch ein Video-Bearbeitungsprogramm, klicken Sie auf *YouTube Studio (Beta)* **J** bzw. auf *Video-Manager* **K**, um dort hinzugelangen.

Videos teilen

Ihre Videos sollen auch gesehen werden. Sie können dazu ein Video oder eine Playlist in anderen sozialen Plattformen oder Websites verlinken.

Making of …

1 Klicken Sie auf *YouTube Studio (Beta)* **J** bzw. auf *Video-Manager* **K**.

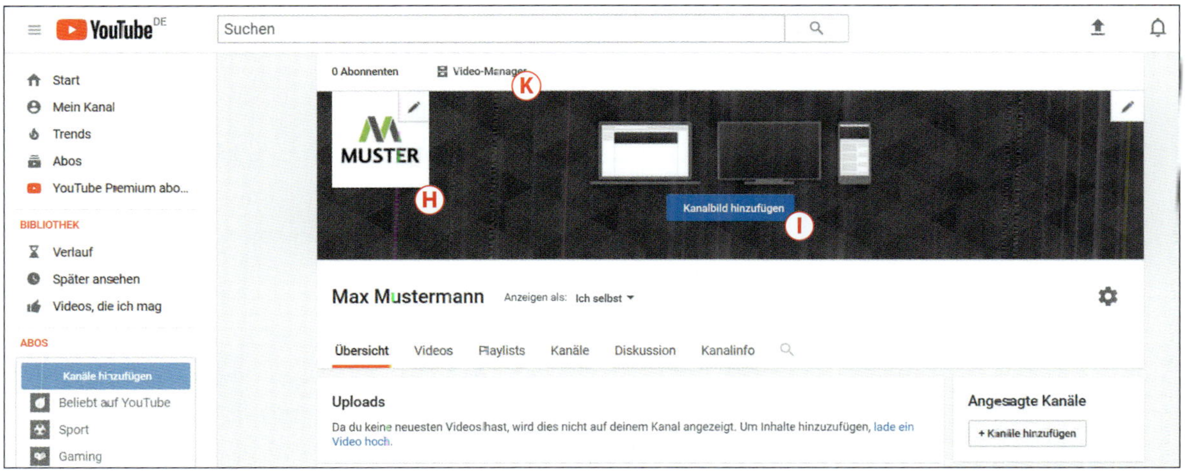

2 Wählen Sie das Video aus und klicken Sie auf *Optionen* **L**.

3 Klicken Sie nun auf *Link zum Teilen abrufen* **M**.

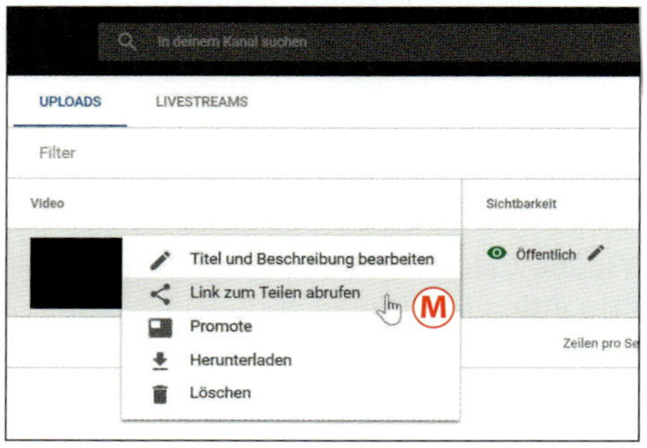

4 Der Link wird daraufhin in die Zwischenablage kopiert. Setzen Sie den Code nun z. B. in den Quellcode Ihrer Website ein.

Analysedaten abrufen
Sie wollen wissen, ob Ihre Videos auch angeschaut werden? YouTube bietet Ihnen hierzu detaillierte Informationen.

Making of …

1 Klicken Sie auf *Analysedaten* **N**.

2 Wählen Sie nun aus, welche Informationen Sie interessieren.

Kanal löschen
Wenn Sie einen Kanal löschen möchten, dann müssen Sie dies über die Einstellungen Ihres Google-Kontos veranlassen, Sie finden dort unter *Einstellungen* den Punkt *„Konto oder Dienste löschen".*

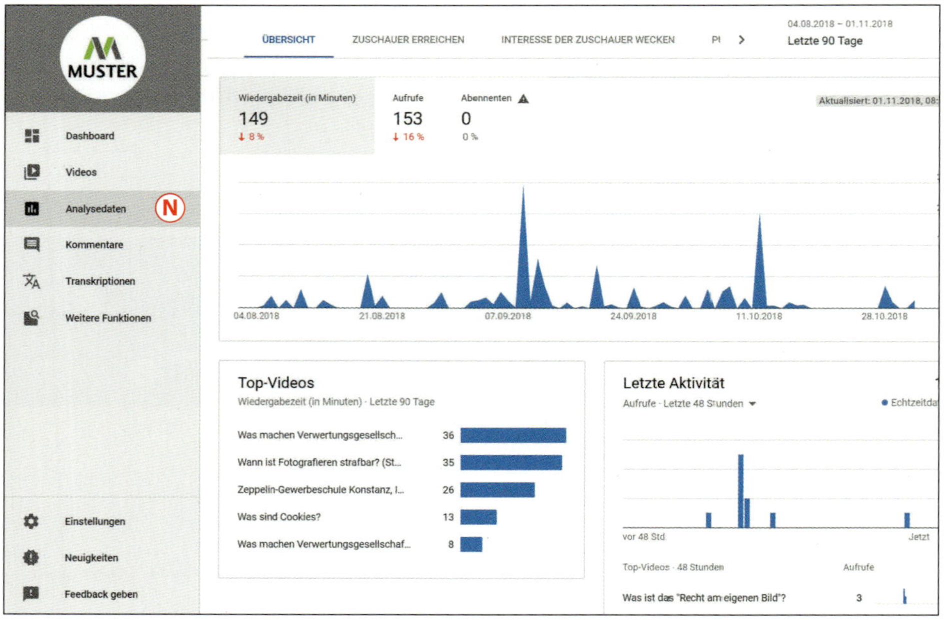

3.6.3 XING

XING wurde im August 2003 unter dem Namen OpenBC (Open Business Club) durch Lars Hinrichs gegründet.

XING ist ein soziales Netzwerk, in dem Mitglieder ihre beruflichen, aber auch privaten Kontakte verwalten und neue Kontakte knüpfen können. XING ist vorrangig im deutschsprachigen Raum aktiv, dort aber mit 15 Millionen Mitgliedern sehr verbreitet.

Bei XING registrieren
Egal, ob Sie bei XING als Arbeitnehmer oder als Unternehmer auftreten wollen, Sie müssen sich zunächst auf gleiche Weise registrieren.

Making of ...

1 Geben Sie Ihre Daten in die entsprechenden Felder ein und klicken Sie, nachdem Sie die Datenschutzbestimmungen akzeptiert haben, auf *Jetzt registrieren* **A**.

2 Sie müssen nun zunächst Ihre E-Mail-Adresse bestätigen, indem Sie eine automatisch zugesandte E-Mail öffnen und darin auf den entsprechenden Link klicken.

3 Sie müssen nun einige Fragen beantworten. Nachdem Sie Auskunft gegeben haben über Ihre Erwartungen **B** und Ihre aktuelle berufliche Situation **C**, können Sie wählen, ob Sie eine Basic-Mitgliedschaft **D** wünschen oder die Premium-Mitgliedschaft **E** mit erweitertem Funktionsumfang.

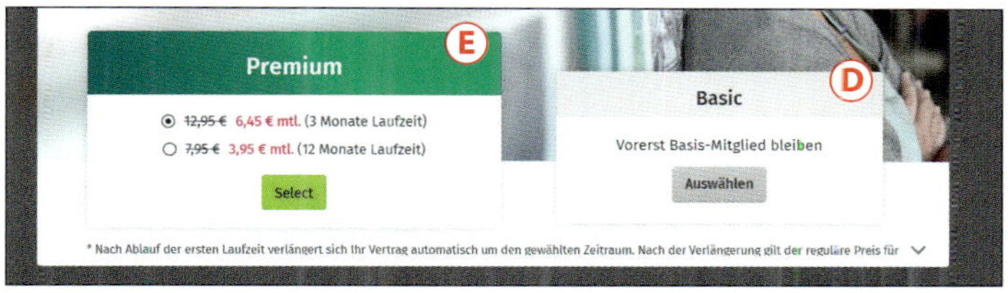

4 Wenn Sie möchten, können Sie nun einen Suchauftrag **F** anlegen, Sie können diesen Schritt aber auch überspringen **G**.

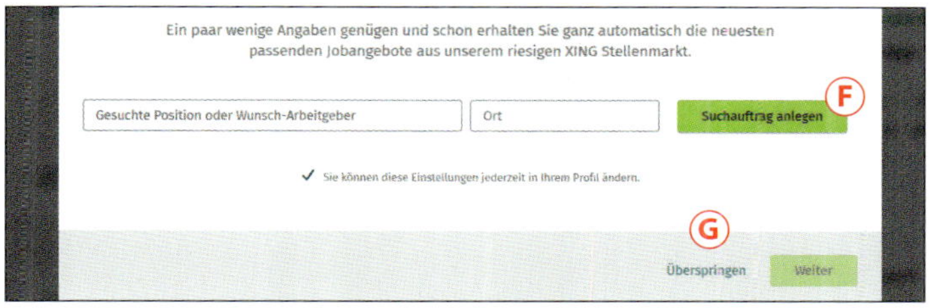

Arbeitgeberprofil anlegen
Wenn Sie selbst Mitarbeiter suchen wollen, dann müssen Sie zusätzlich ein Arbeitgeberprofil anlegen.

Making of …

1 Klicken Sie in der Leiste links auf *Unternehmen* **H**.

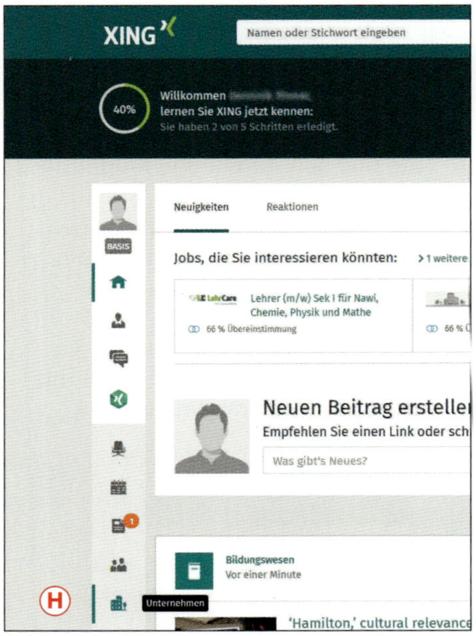

2 Sie bekommen nun zunächst eine Liste von Unternehmen angezeigt, die XING als für Sie relevant einstuft. Klicken Sie nun auf *Arbeitgeber-Profil anlegen* **I**.

3 Nun haben Sie die Möglichkeit, sich beim „Employer Branding Profil“ für eine kostenlose **J** oder eine kostenpflichtige Variante **K** zu entscheiden.

4 Nachdem Sie im nächsten Schritt die Bestellung vervollständigt haben, können Sie sich nun als Arbeitgeber bei XING auf die Suche nach Mitarbeitern machen.

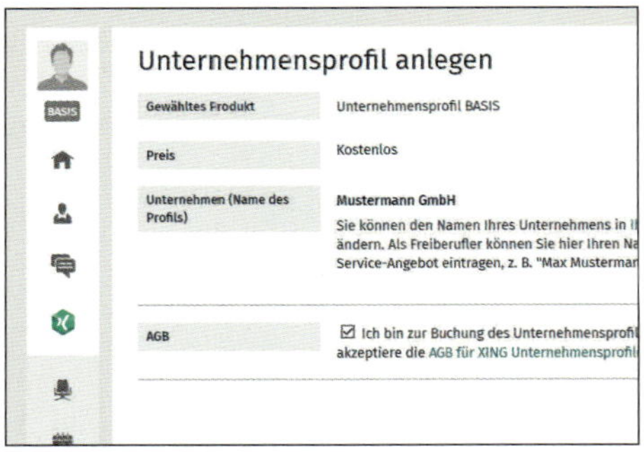

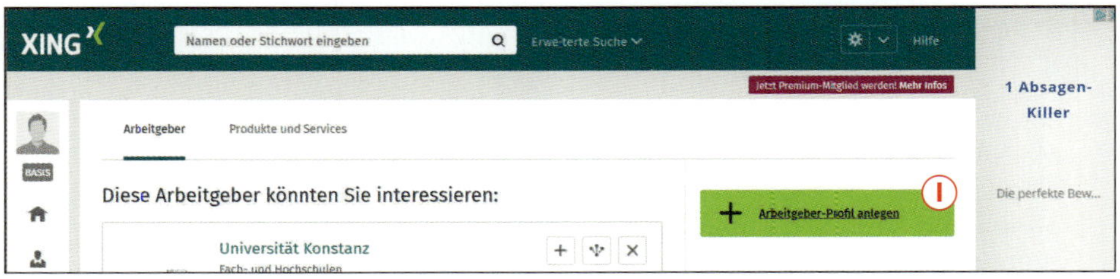

3.6.4 LinkedIn

LinkedIn wurde 2003 von Reid Hoffman und Gründungsmitgliedern von PayPal und Socialnet.com in Kalifornien gegründet.

LinkedIn ist ein soziales Netzwerk, in dem Mitglieder ihre beruflichen, aber auch privaten Kontakte verwalten und neue Kontakte knüpfen können. LinkedIn wird weltweit genutzt und hat etwa 106 Millionen Mitglieder.

Bei LinkedIn registrieren
Egal, ob Sie bei LinkedIn als Arbeitnehmer oder als Unternehmer auftreten wollen, Sie müssen sich zunächst auf die gleiche Weise registrieren.

Making of …

1 Geben Sie Ihre Daten in die entsprechenden Felder ein und klicken Sie, nachdem Sie die Datenschutzbestimmungen akzeptiert haben, auf *Jetzt anmelden* **A**.

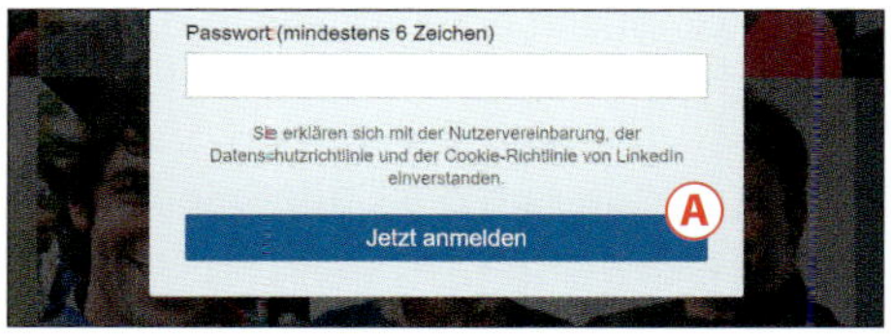

2 Sie müssen nun zunächst Ihre E-Mail-Adresse bestätigen, indem Sie eine automatisch zugesandte E-Mail öffnen und darin auf den entsprechenden Link klicken. Gegebenenfalls werden Sie zusätzlich nach einer Mobilfunknummer gefragt, über die Sie zusätzlich Ihre Daten bestätigen müssen.

3 Sie müssen nun einige Fragen zu sich und Ihrer beruflichen Situation beantworten, danach können Sie loslegen.

Arbeitgeberprofil anlegen
Wenn Sie selbst Mitarbeiter suchen wollen, dann müssen Sie zusätzlich ein Arbeitgeberprofil anlegen.

Making of …

1 Klicken Sie oben rechts auf Ihrer LinkedIn-Startseite auf *Apps* **B** und danach auf *Unternehmensprofil erstellen* **C**.

2 Sie bekommen nun zunächst eine Liste von Unternehmen angezeigt, die XING als für Sie relevant einstuft. Klicken Sie nun auf *Arbeitgeber-Profil anlegen*.

3 Nun können Sie sich als Arbeitgeber bei LinkedIn auf die Suche nach Mitarbeitern machen.

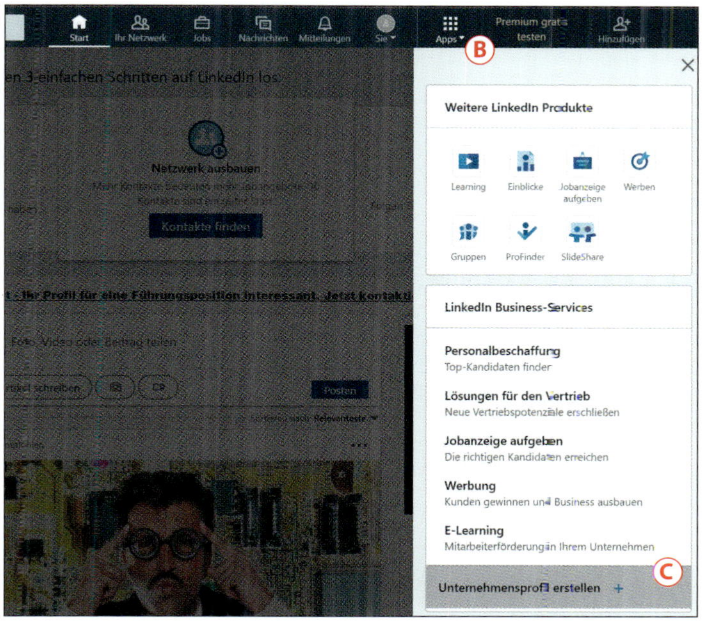

3.6.5 Twitter

Der Microblogging-Dienst Twitter wurde 2006 in den USA gegründet. Twitter hatte 2018 weltweit 330 Millionen Mitglieder. Der Umfang von Mitteilungen ist bei Twitter auf 280 Zeichen begrenzt.

Twitter-Unternehmensaccount erstellen
Das Anlegen eines Twitter-Accounts ist einfach. Sie können auch für verschiedene Unternehmensbereiche wie z. B. Support und Vertrieb jeweils eigene Twitter-Accounts erstellen. Wählen Sie für Ihr Unternehmen bzw. die Unternehmensbereiche prägnante Namen.

Making of ...

1 Gehen Sie auf die Startseite von Twitter, www.twitter.com, und klicken Sie auf *Registrieren* **A**.

2 Geben Sie Ihre Telefonnummer oder E-Mail-Adresse, den verfügbaren Nutzernamen und Ihr frei gewähltes Passwort ein.

3 Sie müssen nun Ihre E-Mail-Adresse bzw. Ihre Telefonnummer bestätigen, indem Sie eine automatisch zugesandte E-Mail bzw. SMS öffnen und den darin enthaltenen Code in das entsprechende Feld eintragen.

4 Sie können nun selbst einen *Tweet* verfassen **B** oder einem Tweet folgen, indem Sie einen *Follow-Button* anklicken **C**.

Twitter-Button erstellen
Der bekannteste Twitter-Button ist sicherlich der *Follow-Button*.

Making of ...

1 Gehen Sie auf https://publish.twitter.com/.

2 Wählen Sie bei der Frage „What would you like to embed?“ *A Profile* aus.

3 Konfigurieren Sie nun Ihren *Twitter-Button*. Der passende Code wird automatisch erzeugt und in die Zwischenablage kopiert.

4 Fügen Sie nun die Codezeilen in den Quellcode Ihrer Website ein.

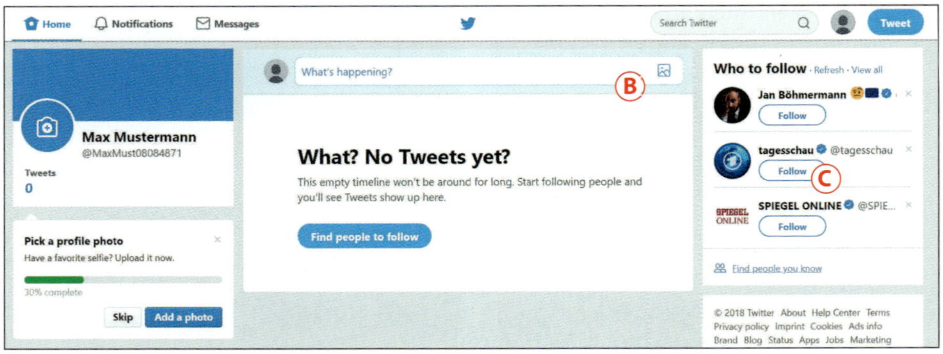

3.7 Aufgaben

1 Social Media kennen

Erklären Sie, was man unter Social Media versteht.

2 Social Media kennen

Erklären Sie den Unterschied zwischen Social Media und den klassischen Medien (z. B. Zeitung oder Fernsehen).

3 Social-Media-Kanäle unterscheiden

Worin unterscheiden sich die verschiedenen Social-Media-Kanäle? Nennen Sie drei Merkmale.

1.
2.
3.
4.

4 Social-Media-Kanäle kennen

Nennen Sie vier Beispiele für Social-Media-Kanäle.

1.
2.
3.
4.

5 Zielfindung nach der SMART-Methode erläutern

Für welche Dimensionen der Zielfindung stehen die Buchstaben der Abkürzung SMART?

S:
M:
A:
R:
T:

6 Nutzertypologien kennen

Nennen Sie sechs der sieben sogenannten „Social Technographics".

1.
2.
3.
4.
5.
6.

7 Social-Media-Guidelines kennen

Was sind Social-Media-Guidelines?

8 Social-Media-Inhalte einteilen

Erläutern Sie die vier Kategorien zur Einteilung von Content auf Social-Media-Plattformen.

1.

2.

3.

4.

9 Soziale Netzwerke kennen

Erläutern Sie den Begriff soziale Netzwerke.

10 Blog kennen

Erklären Sie, was man unter einem Blog versteht.

11 Microblog kennen

Erklären Sie, warum Twitter als „Mircoblog" bezeichnet wird.

12 Wikis kennen

Beschreiben Sie, was man unter einem Wiki versteht.

13 Social-Media-Monitoring kennen

Beschreiben Sie das Ziel von Social-Media-Monitoring.

14 Social-Media-Monitoring kennen

Erklären Sie die zwei Dimensionesn des Social-Media-Monitorings.

15 Maßnahmen zur Kommunikation von Social-Media-Aktivitäten kennen

Nennen Sie vier Möglichkeiten zur Kommunikation von Social-Media-Aktivitäten.

1.
2.
3.
4.

16 Social-Media-Plattformen kennen

Nennen Sie sechs unterschiedliche Social-Media-Plattformen.

1.
2.
3.
4.
5.
6.

17 Profil erläutern

Was versteht man in sozialen Netzwerken unter einem Profil?

18 Inhalte teilen

Was versteht man auf Social-Media-Plattformen unter dem Begriff *Teilen*?

4.1 Lösungen

4.1.1 Technik

1 Internetdienste kennen

a. WWW (World Wide Web): Hypertextbasiertes Informationssystem zur Anzeige von Websites
b. E-Mail: Elektronische Post
c. FTP (File Transfer Protocol): Datenübertragung (Down-/Upload)
d. VPN (Virtual Private Network): Übertragung von persönlichen Daten über einen „Tunnel", wodurch nicht autorisierte Personen keinen Zugriff haben.
e. VoIP (Voice over IP): Internettelefonie

2 E-Mail-Protokolle kennen

- POP3 ist auf das Auflisten, Abholen und Löschen von E-Mails beim E-Mail-Server beschränkt.
- Bei IMAP verbleiben die Mails auf dem Server, wodurch bei der Benutzung von mehreren Clients immer der gleiche, aktuelle Datenbestand einer Mailbox angezeigt wird.

3 Internetprotokolle kennen

- IP: Internet Protocol
- TCP: Transmission Control Protocol

4 IP-Adressen kennen

Eine IPv4-Adresse besteht aus 4·8 Bit. Dezimale Schreibweise: xxx.xxx.xxx.xxx (mit x aus: 0...9)

5 Aufgaben der Internetprotokolle kennen

a. Funktionen von IP:
   - Zerlegung der Datei in kleine Datenpakete (Datagramme)
   - Adressierung der Datagramme mittels IP-Adresse
   - Wahl des Übertragungsweges (Routing) der Datagramme
   - Zusammensetzung der Datagramme zur Datei am Zielort
b. Funktionen von TCP:
   - Verbindungsaufbau
   - Datenübertragung in Segmenten
   - Fehlerprüfung und -korrektur
   - Verbindungsabbau

6 DNS kennen

a. Domain-Name-Server
b. Der DNS erledigt die Umsetzung der Domain-Namen in IP-Adressen.

7 Aufbau einer URL kennen

A : Protokoll
B : Subdomain
C : Second-Level-Domain
D : Top-Level-Domain
E : Ordnerstruktur
F : Dateiname

8 URL kennen

a. Uniform Resource Locator
b. Die URL dient dazu, den gewünschten Zielcomputer eindeutig adressieren zu können.

9 Domain-Namen kennen

Seit 2004 sind Domain-Namen mit Umlauten zulässig und können durch heutige Browser auch umgesetzt werden.

10 Domain-Namen registrieren

a. D: DENIC
   USA: ICANN
b. Die Registrierung übernimmt der Internet-Provider, bei dem die Website gehostet wird.

P. Bühler et al., *Internet*, Bibliothek der Mediengestaltung,
https://doi.org/10.1007/978-3-662-55393-0

11 Webhoster wählen

- Wie hoch sind die monatlichen Kosten?
- Wie viel Speicherplatz wird zur Verfügung gestellt?
- Welche Domain-Namen sind möglich?
- Sind Subdomains möglich?
- Wie viele Postfächer erhalte ich?
- Ist die monatliche Traffic-Rate begrenzt?
- Welche Webtechnologien sind möglich?
- Werden Nutzungsstatistiken angeboten?

12 Internetzugänge kennen

a. Leitungsgebundene Zugänge:
   - ISDN
   - DSL
   - TV-Kabel
   - Glasfaser

b. Drahtlose Zugangsverfahren:
   - GSM (1G)
   - UMTS (3G)
   - LTE (4G)
   - WLAN (für lokale Netze)

13 Unterschied zwischen Schmal- und Breitband kennen

- Schmalband-Zugang: Zugangsverfahren ins Internet mit einer Bandbreite von maximal 128 kbps.
- Breitband-Zugang: Oberhalb von 128 kbps spricht man von einem Breitband-Zugang.

14 Down- und Uplink unterscheiden

- Downlink: Unter Downlink versteht man das Herunterladen von Daten aus dem Internet auf das eigene Endgerät.
- Uplink: Beim Uplink werden Daten umgekehrt vom eigenen Gerät ins Internet hochgeladen.

4.1.2 Nutzung

1 Mediennutzung kennen

a. 90 %
b. alle
c. 75 %
d. 3 Stunden
e. 6 Stunden
f. 85 %

2 Web 2.0 kennen

a. Web 2.0: Angebote im Internet, an denen sich die Nutzer aktiv beteiligen.
b. Blogs, Community, Wiki, Podcast, Videocast, Feed, Tauschbörsen, Mikroblogs, Open-Source-Software

3 Web 3.0 kennen

a. Die Zielsetzung des „Semantic Web" ist, die Bedeutung des Inhalts von Webseiten durch Computer erschließen zu lassen. Sollte dies möglich werden, könnten beispielsweise Suchanfragen wesentlich exaktere Ergebnisse liefern.
b. Suche nach:
   - Bienenstich – Gebäck oder Insektenstich?
   - Einstellung – Meinung oder Job?
   - Rezept – Kochen oder Arzt?
   - Null Bock – Keine Lust, keine Ziege oder kein Turngerät?

4 Web 4.0 kennen

a. „Smart Web" bedeutet, dass das Internet bzw. die Geräte lernfähig sind, d. h., sie treffen ihre Entscheidungen aufgrund von vielen Informationen, die sie zuvor über uns gesammelt haben.

b. Ein Smart Assistant ist ein Gerät, das meist über Sprachsteuerung Aufgaben erledigt oder Fragen beantwortet.

c. Unter Augmented Reality versteht man die Kombination von realen Bildern mit Informationen aus dem Internet.

d. Unter dem „Internet der Dinge" versteht man die Möglichkeit, beliebige Objekte internetfähig zu machen. Somit können diese Objekte mit Computern oder Maschinen kommunizieren, ohne dass der Mensch eingreifen muss.

e. Server-Virtualisierung bedeutet, dass versucht wird, einen Server optimal auszulasten und Zugriffszeiten auf Websites zu verringern. Hierzu werden Server mit mehr unterschiedlichen Aufgaben betraut, wodurch andere Server heruntergefahren werden können, um Energie zu sparen.

5 Cloud Computing kennen

a. Cloud Computing:
   - Infrastruktur: Hardware
   - Plattform: Softwareentwicklung
   - Software

b. Vorteile:
   - Hohe Verfügbarkeit
   - Leichte Erweiterbarkeit
   - Orts- und zeitunabhängige Nutzung
   - Geräteunabhängige Lizenzierung

c. Nachteile:
   - Abhängigkeit von Internetverbindung
   - Abhängigkeit vom Anbieter des Dienstes
   - Datensicherheit fragwürdig

6 Cloud-Speicherung kennen

a. Die Kopie einer lokal gespeicherten Datei wird auf einem Server im Internet abgelegt. Die Datei ist so für verschiedene Endgeräte verfügbar, wobei Änderungen stets synchronisiert werden, die relevante Version ist immer die, die auf dem Server liegt.

b. Nachteile:
   - Datensicherheit: Die Daten bzw. Dateien befinden sich irgendwo auf einem Webserver, meist weiß man nicht wo und man weiß auch nicht, was mit den Daten passiert, wenn es den Anbieter mal nicht mehr geben sollte.
   - Datenschutz: Daten sind für Firmen von unschätzbarem Wert. Je mehr eine Firma über das Kauf- und Freizeitverhalten oder den Gesundheitszustand von Kunden weiß, umso gezielter kann sie via Internet passgenaue Angebote machen. Wirkliche Kontrolle über den Zugriff auf Daten in der Cloud durch Dritte hat man nicht.

7 Cloud-Speicherung kennen

- Ein zusätzliches, von der Cloud unabhängiges, lokales Backup
- Zugriffsschutz auf den Cloud-Speicher durch sicheres Passwort
- Kein Upload von personenbezogenen Daten
- Auswahl eines Cloud-Dienstes mit Servern in Deutschland oder Einrichtung eines eigenen Webservers, z. B. mit Hilfe der Open-Source-Software ownCloud

8 SaaS kennen

a. SaaS: Software as a Service
b. Softwarenutzung: Eine Anwendung läuft ohne Installation auf dem lokalen Rechner live auf einem Server in der Cloud, der Zugriff auf die Software wird meist über einen Webbrowser realisiert.
c. Dadurch, dass die Software nur noch auf einem Server in der Cloud installiert ist, kann man offline nicht mehr arbeiten.

9 Kryptowährungen kennen

Eine Kryptowährung ist digitales Geld, das mit der Technologie Blockchain fälschungssicher erzeugt wurde.

10 Deep Web und Darknet kennen

- Surface-Web: Das Surface-Web ist der Teil des Internets, der für uns alle frei zugänglich ist.
- Deep Web: Das Deep Web ist ein versteckter Teil des Internets, der neben der Speicherung von Cloud-Daten und E-Mails auch von Forschungseinrichtungen und Regierungen genutzt wird.
- Darknet: Auch das Darknet ist versteckt und nur über einen speziellen „Tor-Browser" nutzbar. Das Darknet wird von all jenen genutzt, die einen großen Bedarf an Anonymität haben.

11 Deep Web und Darknet kennen

a. 4%
b. 90%
c. 6%

12 Schädlingsarten kennen

a. Virus: Kleine Programme, die sich an ein anderes Programm anhängen und durch Doppelklick aktiviert werden.
b. Wurm: Kleine ausführbare Programme, die sich bevorzugt über E-Mail-Attachments verbreiten und durch Doppelklick aktiv werden.
c. Trojaner: Programme, die scheinbar nützlich sind, im Hintergrund aber schädliche Funktionen besitzen.
d. Spyware: Software zum Ausspionieren des Nutzerverhaltens

13 Maßnahmen gegen Angriffe aus dem Internet treffen

- Vorsicht beim Anklicken von E-Mail-Links
- Vorsicht beim Öffnen von E-Mail-Attachments
- Antiviren-Programm verwenden
- Firewall verwenden
- Automatische Updates zulassen
- Ohne Administratorrecht ins Internet gehen
- Sicherheitseinstellungen im Browser vornehmen
- Sichere Passwörter verwenden

14 Sichere Passwörter kennen

- Ein Passwort sollte mehr als 6 Zeichen lang sein, gut sind 8 oder 10 Zeichen.
- Das Passwort sollte sich aus Klein- und Großbuchstaben sowie aus Zahlen zusammensetzen, auch Sonderzeichen sind nicht schlecht.
- Das Passwort sollte dennoch merkfähig sein.

15 Inhaltsnutzung unterscheiden

Beim Herunterladen von Inhalten wird eine Kopie angefertigt, was in vielen Fällen urheberrechtlich verboten ist, beim reinen Anschauen von Inhalten ist dies nicht der Fall.

16 Urheberrecht kennen

Urheberrechtlicher Schutz bedeutet, dass derjenige, der einen Text geschrieben oder Musik, Fotos oder Filme gemacht hat Rechte an diesem Werk hat.

17 Nutzung von Inhalten kennen

- Gewerbliches Abspielen von Musik, ohne dafür Gebühren zu bezahlen
- Nutzung von Informationen aus offensichtlich illegalen Quellen
- Anschauen von Bildern oder Videos, auf denen Personen zu sehen sind, deren höchstpersönlicher Lebensbereich verletzt wurde

18 Persönlichkeitsrechte kennen

- Nennung von Personennamen
- Recht am eigenen Bild

19 Auskunftsrecht kennen

- Haben Sie Daten über mich gespeichert?
- Welche Daten sind dies?
- Was tun Sie mit meinen Daten?

20 Recht auf Vergessenwerden kennen

Nutzer haben unter bestimmten Bedingungen das Recht, dass personenbezogene Daten (Daten, die einer Person eindeutig zugeordnet werden können, z. B. Alter, Wohnort oder Familienstand) gelöscht werden.

21 Digitales Erbe kennen

Auch für das digitale Erbe gilt uneingeschränkt § 1922, Absatz 1 BGB, also das ganz normale Erbrecht, wie es auch für materielle Güter gilt.

22 Rechtslage zu WLAN kennen

- Der WLAN-Betreiber kann für illegale Aktivitäten eines Nutzers nicht haftbar gemacht werden.
- Der Betreiber ist verpflichtet, den Urheberrechtsverletzer zu nennen, wenn er diesen kennt (auch wenn es die eigenen Kinder sind).

23 Creative Commons kennen

Icon	Erklärung
	Der Name des Urhebers muss genannt werden.
	Das Werk darf nicht für kommerzielle Zwecke verwendet werden.
	Das Werk darf nicht verändert werden.
	Das Werk darf nur unter der gleichen Lizenz weitergegeben werden.

4.1.3 Social Media

1 Social Media kennen

Social Media ist öffentlich geführte Kommunikation der Mitglieder einer Social-Media-Plattform.

2 Social Media kennen

Der wesentliche Unterschied zu den traditionellen Medien ist die Interaktivität von Social Media. Die digitalen Medien ermöglichen den unmittelbaren Austausch von Informationen und die gemeinsame interaktive Erstellung und Verteilung von Inhalten.

3 Social-Media-Kanäle unterscheiden

- Formen der Beteiligung
- Art der Medien
- Mitgliederzahl
- Zielgruppe
- Verwendungszweck

4 Social-Media-Kanäle kennen

- Soziale Netzwerke
- Blogs
- Microblogs
- Foren
- Fotoportale
- Videoportale
- Wikis
- Partnerbörsen

5 Zielfindung nach der SMART-Methode erläutern

- S: Specific (Spezifisch)
- M: Measurable (Messbar)
- A: Attractive (Attraktiv)
- R: Reasonable (Realistisch)
- T: Timely (Terminiert)

6 Nutzertypologien kennen

- Creators (Schöpfer)
- Conversationalists (Gesprächsteilnehmer)
- Critics (Kritiker)
- Collectors (Sammler)
- Joiners (Teilnehmer)
- Spectators (Zuschauer)
- Inactives (Passive)

7 Social-Media-Guidelines kennen

Social-Media-Guidelines legen die verbindlichen Richtlinien für den Umgang mit sozialen Medien für alle Beteiligten einer Organisation oder einer Firma fest.

8 Social-Media-Inhalte einteilen

- Owned Content: Die Inhalte werden von Ihnen produziert und auf Ihren eigenen Social-Media-Kanälen publiziert.
- Paid Content: Die Inhalte werden gegen Bezahlung auf einem fremden Social-Media-Kanal publiziert.
- Earned Content, Shared Media: Die Inhalte werden von Nutzern bzw. Kunden produziert und z. B. auf Bewertungsportalen oder Fanseiten veröffentlicht.
- Converged Media: Die Inhalte der drei vorstehenden Media-Content-Typen werden kombiniert genutzt.

9 Soziale Netzwerke kennen

Soziale Netzwerke sind Internetplattformen, auf denen man sich online trifft, Kontakte pflegt, sich austauscht und vernetzt. In sozialen Netzwerken kann man sich präsentieren, kommunizieren, Fotos veröffentlichen, verlinken, Kontakt aufnehmen und sich vernetzen.

10 Blog kennen

Ein Blog ist ein chronologisches Tagebuch oder Magazin im Internet. Die Beiträge eines Blogs werden von dem oder den Betreibern eines Blogs, den Bloggern, publiziert. Die Nutzer des Blogs können die einzelnen Beiträge bewerten und kommentieren.

11 Microblog kennen

Eine Textnachricht, ein Tweet, darf bei Twitter maximal 280 Zeichen haben.

12 Wikis kennen

Ein Wiki ist ein Nachschlagewerk, bei dem Nutzer die Inhalte selbst erstellen und bearbeiten können.

13 Social-Media-Monitoring kennen

Das Ziel von Social-Media-Monitoring ist es, eine Erfolgskontrolle der Social-Media-Aktivitäten durchzuführen.

14 Social-Media-Monitoring kennen

Social-Media-Monitoring umfasst zwei Dimensionen. Die erste Dimension ist die Beobachtung und die Analyse von Beiträgen auf verschiedenen Social-Media-Kanälen und -Plattformen, die ein Unternehmen betreffen. Die zweite Dimension ist die Erfolgsmessung der eigenen Social-Media-Aktivitäten.

15 Maßnahmen zur Kommunikation von Social-Media-Aktivitäten kennen

- Sharing-Buttons
- Backlinks
- Empfehlungen
- Social-Media-Newsroom
- Verweise

16 Social-Media-Plattformen kennen

- Facebook
- Twitter
- YouTube
- Instagram
- XING
- Pinterest
- LinkedIn
- Snapchat
- Tumblr
- Tinder
- Google+

17 Profil erläutern

Das Profil ist Ausgangspunkt für Aktivität und Kommunikation auf Social-Media-Plattformen. Private Profile zeigen z. B. Namen, Foto und persönliche Angaben wie Alter, Interessen oder Partnerschaftsstatus eines Nutzers an.

18 Inhalte teilen

Teilen heißt, anderen Mitgliedern einer sozialen Plattform den Zugang zu einem bestimmten Inhalt zu ermöglichen.

4.2 Links und Literatur

Links

Weitere Informationen zur Bibliothek der Mediengestaltung:
www.bi-me.de

Auskunft über die aktuelle IP-Adresse
www.wieistmeineip.de

DENIC – Organisation für die Vergabe und Verwaltung von Domain-Namen in Deutschland
www.denic.de

EU-Datenschutz-Grundverordnung
www.datenschutz-grundverordnung.eu

ICANN – Organisation für die Vergabe und Verwaltung von Domain-Namen in den USA
www.internic.net

Kostenvergleich Internet-Service-Provider
www.onlinekosten.de
www.billiger-surfen.de

Portal mit umfassenden Informationen zu Datenschutz und Datensicherheit
www.datenschutz.org

Übersichten der wichtigsten Provider
www.webhostlist.de
www.webhosting-test.de

Literatur

Andreas Baetzgen
Brand Design: Strategien für die digitale Welt
Schäffer-Poeschel Verlag
ISBN 978-3791039176

Joachim Böhringer et al.
Kompendium der Mediengestaltung
II. Medientechnik
Springer Vieweg 2014
ISBN 978-3642545849

Joachim Böhringer et al.
Kompendium der Mediengestaltung
IV. Medienproduktion Digital
Springer Vieweg 2014
ISBN 978-3642545825

Peter Bühler et al.
Informationstechnik: Hardware – Software – Netzwerke (Bibliothek der Mediengestaltung)
Springer Vieweg 2018
ISBN 978-3662547311

Peter Bühler et al.
Medienrecht: Urheberrecht – Markenrecht – Internetrecht (Bibliothek der Mediengestaltung)
Springer Vieweg 2017
ISBN 978-3662539194

4.3 Abbildungen

S2, 1: Autoren
S3: www.ncsa.illinois.edu/news/press#mosaic (Zugriff: 29.10.18)
S4, 1–5: Autoren
S5, 1: Autoren
S12, 1: Autoren
S13, 1: pixabay.com/de/glasfaserkabel-glasfaser-it-technik-502894/ (Zugriff: 29.10.18)
S13, 2: de.statista.com/infografik/7912/breitband-ausbau-im-laendervergleich/ (Zugriff: 29.10.18)
S14, 1: www.bmvi.de/SiteGlobals/Forms/Listen/DE/Kartendownload-Breitbandatlas/DE/Kartendownload-Breitbandatlas_Formular.html (Zugriff: 29.10.18)
S15, 1: www.bmvi.de/SiteGlobals/Forms/Listen/DE/Kartendownload-Breitbandatlas/DE/Kartendownload-Breitbandatlas_Formular.html (Zugriff: 29.10.18)
S20, 1: Autoren, Bild im Hintergrund: unsplash.com/photos/_iRataK9lrc (Zugriff: 29.10.18)
S21, 1: Autoren
S22, 1: de.statista.com/infografik/13156/das-passiert-in-60-sekunden-im-internet/ (Zugriff: 30.10.18)
S22, 2: de.statista.com/infografik/15358/fuer-den-internetzugang-genutzte-endgeraete-in-deutschland/ (Zugriff: 30.10.18)
S23, 1: de.statista.com/infografik/12692/digitalkompetenzen-der-deutschen/ (Zugriff: 30.10.18)
S25, 1a: pixabay.com/de/rote-fliege-krawatte-936466/ (Zugriff: 30.10.18)
S25, 1b: pixabay.com/de/schmeißfliege-blaue-flasche-fliege-2151453/ (Zugriff: 30.10.18)
S25, 1c: pixabay.com/de/verkehrsflugzeug-boeing-flugzeuge-2545346/ (Zugriff: 30.10.18)
S27, 1: de.statista.com/infografik/12884/smart-speaker-besitz-in-deutschland-und-den-usa/ (Zugriff: 31.10.18)
S27, 2: de.statista.com/infografik/13332/bei-welchen-geraete-die-sprachsteuerung-genutzt-wird/ (Zugriff: 31.10.18)
S28, 1: Autoren
S29, 1: www.volkswagen.de (Ausstattung „Nachtsichtunterstützung", beim Modell Touareg)
S30, 1: Autoren
S31, 1: Autoren
S31, 2a: Adobe Creative Cloud
S31, 2b: Autoren
S32, 1: de.statista.com/infografik/13675/cloud-basierter-it-dienstleistungen-nach-weltweitem-marktanteil/ (Zugriff: 31.10.18)
S32, 2: Autoren
S33, 1: de.statista.com/infografik/15937/daten-und-fakten-zu-cloud-computing/ (Zugriff: 31.10.18)
S34, 1: de.statista.com/infografik/642/top-10-online-shops-in-deutschland-nach-umsatz/ (Zugriff: 31.10.18)
S34, 2: de.statista.com/infografik/14363/nutzung-von-kostenpflichtigem-video-streaming/ (Zugriff: 31.10.18)
S35, 1: de.statista.com/infografik/1939/marktkapitalisierung-von-kryptowaehrungen/ (Zugriff: 31.10.18)
S35, 2: www.paketnavigator.de (Zugriff: 08.09.18)
S36, 1a: de.statista.com/infografik/5349/verteilung-von-inhalten-im-tor-netzwerk/ (Zugriff: 31.10.18)
S36, 1b: Autoren
S37, 1: Autoren
S38, 1: de.statista.com/infografik/11477/jeder-zweite-internetnutzer-opfer-von-cybercrime/ (Zugriff: 31.10.18)
S39, 1: de.statista.com/infografik/1183/taeglich-weltweit-verschickte-emails/ (Zugriff: 31.10.18)
S40, 1: de.statista.com/infografik/14912/anteil-von-spam-am-weltweiten-mailverkehr/(Zugriff: 31.10.18)
S41, 1: de.statista.com/infografik/4086/online-aktivitaeten-von-kindern/ (Zugriff: 31.10.18)
S42, 1: Autoren
S44, 1: Win10
S45, 1: Spam-Mail, Herausgeber unbekannt
S46, 1: www.youtube.com/watch?v=XSs0KWGSxHA&index=7&list=PLfqw0gcyd-AffcC3rxV-80HERdhQBhlQJk (Zugriff: 01.11.18)
S48, 1: Autoren

S49, 1: de.statista.com/infografik/3647/urls-deren-entfernung-von-google-geprueft-wurde/ (Zugriff: 01.11.18)
S49, 2: de.statista.com/infografik/14366/umfrage-zum-thema-digitaler-nachlass-in-deutschland/ (Zugriff: 01.11.18)
S56, 1a: Facebook App (Zugriff: 01.11.18)
S56, 1b: Youtube App (Zugriff: 01.11.18)
S56, 1c: WhatsApp App (Zugriff: 01.11.18)
S56, 1d: Instagram App (Zugriff: 01.11.18)
S56, 1e: Twitter App (Zugriff: 01.11.18)
S57, 1: de.statista.com/infografik/15746/nutzung-sozialer-netzwerke-in-deutschland/ (Zugriff: 01.11.18)
S58, 1: blog.selfhtml.org (Zugriff: 01.11.18)
S58, 2: forum.selfhtml.org (Zugriff: 01.11.18)
S58, 3: wiki.selfhtml.org (Zugriff: 01.11.18)
S59, 1: de.statista.com/infografik/11930/wie-jugendliche-am-liebsten-kommunizieren/(Zugriff: 01.11.18)
S59, 2: de.statista.com/infografik/6973/online-dating-in-deutschland/ (Zugriff: 01.11.18)
S60, 1: Autoren (auf Basis von Daten aus einer Studie der Bitkom, 2018)
S61, 1: de.statista.com/infografik/13202/wie-social-media-auf-jugendliche-wirkt/ (Zugriff: 01.11.18)
S61, 2: de.statista.com/infografik/13057/umfrage-verzicht-auf-soziale-medien/ (Zugriff: 01.11.18)
S62, 1: Autoren
S62, 2: www.google.com/analytics (Zugriff: 01.11.18)
S63, 1: https://de.statista.com/infografik/14111/werbewirkung-von-klassischen-und-sozialen-medien (Zugriff: 02.11.18)
S63, 2: https://de.statista.com/infografik/12073/produktwahrnehmung-auf-social-media (Zugriff: 02.11.18)
S64, 1, 2: www.sinus-institut.de/fileadmin/user_data/sinus-institut/Dokumente/downloadcenter/Sinus_Milieus/Informationen_Digitale_Sinus-Milieus.pdf (Zugriff: 02.11.18)
S65, 1: de.statista.com/infografik/12654/die-sichtbarsten-marken-im-sozialen-netz/ (Zugriff: 02.11.18)
S68, 1: www.marketinginstitut.biz/fileadmin/user_upload/DIM/Dokumente/DIM_Kurzzusammenfassung_Studie_Social_Media_Marketing_2018_April_2018.pdf (Zugriff: 02.11.18)
S69, 1: de.statista.com/infografik/11462/instagram-accounts-mit-dem-groessten-follower-wachstum/ (Zugriff: 02.11.18)
S69, 2a: www.instagram.com/p/Bo00bc2Fqqc/ (Zugriff: 02.11.18)
S69, 2b: www.instagram.com/p/BpR6QIhhQDJ/ (Zugriff: 02.11.18)
S70, 1: www.gartner.com/technology/research/digital-marketing/transit-map/transit-map-guest.jsp (Zugriff: 02.11.18)
S71, 1: www.bergfreunde.de (Zugriff: 02.11.18)
S71, 2a: www.emirates.com (Zugriff: 02.11.18)
S71, 2b: www.tuev-nord-group.com (Zugriff: 02.11.18)
S72, 1: https://www.socialbakers.com/free-social-tools/socially-devoted/q2-2018/ (Zugriff: 02.11.18)
S73, 1: Nach: www.brandwatch.com/de/blog/video-aufbau-einer-effektiven-social-media-monitoring-strategie/ (Zugriff: 02.11.18)
S73, 2: www.facebook.com (Zugriff: 02.11.18)
S74, 1: www.hwzdigital.ch/files/2017/10/SMM-Pyramide.jpg (Zugriff: 02.11.18)
S75, 1, 2, 3a, 3b: www.facebook.com (Zugriff: 02.11.18)
S76, 1, 2a, 2b: www.facebook.com (Zugriff: 02.11.18)
S77, 1–4: www.facebook.com (Zugriff: 02.11.18)
S78, 1, 2: www.youtube.com (Zugriff: 02.11.18)
S79, 1, 2: studio.youtube.com (Zugriff: 02.11.18)
S80, 1–3: studio.youtube.com (Zugriff: 02.11.18)
S81, 1, 2, 3a, 3b, 4: www.xing.com (Zugriff: 02.11.18)
S82, 1a, 1b, 2, 3: www.xing.com (Zugriff: 02.11.18)
S83, 1a, 1b: de.linkedin.com (Zugriff: 02.11.18)
S84, 1, 2: twitter.com (Zugriff: 02.11.18)

4.4 Index

Printed by Wilco bv, the Netherlands